古文明浅读

发现古老的文明，探寻逝去的记忆，掀开古代世界神秘的面纱，带你领略几千年前古代人类的风采，充分了解人类无穷的智慧和叹为观止的成就……

绵延不绝的文明

古中国文明

盛文林◎编著

北京工业大学出版社

图书在版编目（CIP）数据

绵延不绝的文明：古中国文明／盛文林编著．—北京：北京工业大学出版社，2014.1（2021.5 重印）
（古文明浅读）
ISBN 978-7-5639-3741-7

Ⅰ．①绵… Ⅱ．①盛… Ⅲ．①文化史－中国－古代－通俗读物 Ⅳ．①K220.3-49

中国版本图书馆 CIP 数据核字（2013）第 295000 号

绵延不绝的文明——古中国文明

编　　著：盛文林
责任编辑：李　光
封面设计：映象视觉
出版发行：北京工业大学出版社
（北京市朝阳区平乐园 100 号　邮编：100124）
010－67391722（传真）　bgdcbs@sina.com
出 版 人：郝　勇
经销单位：全国各地新华书店
承印单位：天津海德伟业印务有限公司
开　　本：787 毫米×1092 毫米　1/16
印　　张：11.5
字　　数：196 千字
版　　次：2014 年 1 月第 1 版
印　　次：2021 年 5 月第 2 次印刷
标准书号：ISBN 978-7-5639-3741-7
定　　价：28.00 元

前言

中国是人类文明的重要发祥地之一。近些年，我国在多个地方分别发现了古人类文明的遗址，发掘了相当数量的有考古价值的文物。这些文物为我国早期人类文明提供了实证。

文字是文明的标志。依据现存最早的原始文字资料考察、推断，中国古文明可上溯到约公元前3000年的半坡、仰韶文化。文字的演变和发展见证并记录了中国文明的发展历程。从最古老的甲骨文到铭文，再到大篆和小篆，再变隶、草、楷书。每一次文字的变革，都是社会文明进步的体现。延续五千多年的汉字历史，再次证明了中国是世界上唯一没有中断过文明的古国。

从上古的仰韶文明算起，我国先后经历了原始社会、夏商周、春秋战国、秦朝、西汉、东汉、三国、西晋、东晋十六国、南北朝、隋朝、唐朝、五代、宋辽夏金、元朝、明朝和清朝等历史时期。其中在夏、商、周和春秋时代，经历了奴隶社会的发展。从战国开始，封建社会孕育形成，秦朝则建立了中国历史上第一个中央集权的大一统封建帝国。此后，两汉王朝是封建社会迅速成长的阶段，唐、宋时期经历了封建社会最辉煌的时代。

本书作为中国古文明的普及读物，所包含的科学技术、哲学艺术、政治经济制度均下限至唐宋时期。为的是在有限的版面内，用最简练的文字最大限度地展现我国辉煌、灿烂的古代文明。针对古文明中相关的历史事件、术语、名人，还特地设置了“知识小链接”“你知道吗”“拓展阅读”“广角镜”等小栏目加以阐释。书中还选配了大量相关的图片，使版面图文并茂、视感舒适，以增加本书的知识性和趣味性，满足读者的求知欲。

目　录

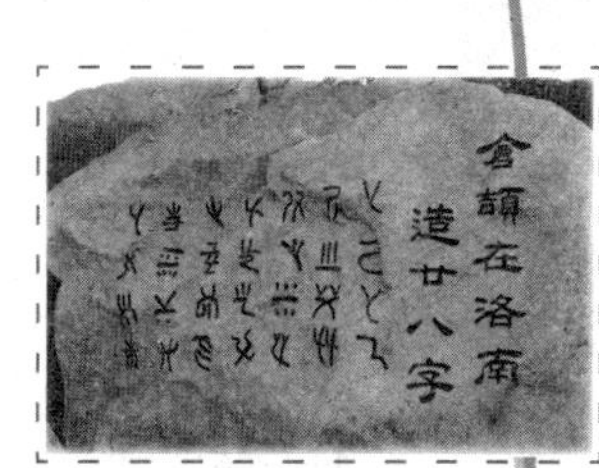
仓颉在洛南
造廿八字

中华文化起源于黄河与长江流域，主要有泥河湾文化、仰韶文化、周口店文化、大汶口文化、河姆渡文化、红山文化等，这些文化及文化遗址群的发现，给我们大致勾勒了一个轮廓，就是说中华文明是多地起源、不断融合和发展演变的结果。中华文化在多元一体、绵延不断的发展中，为人类文明史谱写了不朽的篇章。

第一章

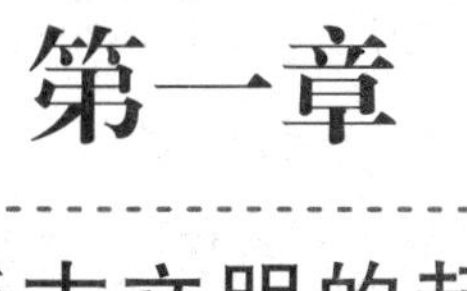

中华古文明的起源

西侯度文化

西侯度遗址位于山西省芮城县风陵渡镇北10余公里处，1959年首次发现，1960年专家再次调研，推断属“早更新世”文化。根据大量历史文献记载和考古论证，西侯度遗址是迄今为止在中国发现人类用火最早的地方，也是世界上人类用火最早的遗址之一。

山西是华夏文明起源的中心区域之一。史书中最早出现的“中国”一词，指的就是上古虞舜时代的山西南部。在中国本土发生的文明中，从尧舜禹到夏商周，山西地区的文化传承从未间断。自古以来，山西就是中原华夏族与北方各民族文化交汇的天然通道，是中原农耕经济与北方游牧经济冲撞对接的前沿阵地。

↓人类取火的浮雕

二十世纪五十年代末，古人类学家在西侯度遗址发现了32件人类早期使用的石器。这些看似简单的石器，采用锤击、砸击和碰砧三种方法创制，是中国旧石器时代早期较早阶段的工具。同时，西侯度遗址出土了许多哺乳动物化石和带有切痕的鹿角以及一些表面呈深灰色的哺乳动物肋骨和马牙的烧骨，地磁测定其地层年代为距今180万年前。这是

←西侯度遗址

迄今我国发现最早的人类文化遗存之一，早于我国发现的元谋猿人约10万年。

经发掘出土的动物化石有巨河狸、鲤、山西轴鹿、粗面轴鹿、山西披毛犀、三门马、古中国野牛、晋南麋鹿、步氏羚羊、李氏野猪、纳玛象等。出土的石器，主要有以石英岩为原料的石核、石片、砍斫器、刮削器和三棱大尖状器等。另外在文化层中还出土有若干烧骨，这是目前中国最早的人类用火的证据。西侯度遗址中石器和有切割痕迹的鹿角以及烧骨的发现，证明在180万年前，这里就有人类活动。西侯度遗址属国家级文物保护单位。

西侯度的遗物埋藏在河流沉积的砂层中，可以说明当时人们是沿河岸地带活动的。遗址出土有鱼类和巨河狸化石，证明当时这里有较广的水域。同时也佐证了黄河地区是人类重要的文明起源地之一。

知识小链接

脊椎动物

脊椎动物指有脊椎骨的动物，是脊索动物的一个亚门。这一类动物一般体形左右对称，全身分为头、躯干、尾三个部分，有比较完善的感觉器官、运动器官和高度分化的神经系统。包括鱼类、两栖动物、爬行动物、鸟类和哺乳动物等五大类。

周口店文化

周口店北京猿人遗址位于北京市房山区周口店龙骨山上，距北京城约50公里。1921年至1927年，考古学家先后三次在“北京猿人”洞穴遗址外发现三枚人类牙齿化石；1929年，中国古生物学家裴文中在此发现了原始人类牙齿、骨骼和一块完整的头盖骨，并找到了“北京猿人”生活、狩猎及使用火的遗迹，证实50万年以前北京地区已有人类活动。后来，考古学家在龙骨山发现了距今约60万年前的一个完整的猿人头盖骨，把它定名为北京猿人。以后，人们陆续在龙骨山上发现一些猿人使用的石器和用火遗址。这一发现和研究，奠定了这一遗址在全世界古人类学研究中特殊的、不可替代的地位。周口店遗址

→周口店遗址博物馆

是世界上迄今为止人类化石材料最丰富、最生动，植物化石门类最齐全而又研究最深入的古人类遗址之一。

周口店遗址的挖掘

周口店遗址通常指龙骨山上8个古人类文化遗址和哺乳动物化石地点。从1929年起，已编到第25地点，大多数地点在周口店附近。

↑“北京猿人”头盖骨化石

周口店最早发现的地点是第6地点，是瑞典地质学家安特生于1918年发现的。1921年安特生和美国古生物学家格兰阶、奥地利古生物学家斯丹斯基，发现了周口店“北京猿人”。1927年加拿大科学家在步达生将在周口店发现的三枚人的牙齿正式命名为“中国猿人北京种”，这一年周口店遗址正式开始发掘，中国地质学家李捷参加发掘工作，并发现了周口店第3和第4地点，瑞典古生物学家步林也是新地点的发现者。1929年我国古生物学家裴文中发现了第5、7、8地点，找到了“北京猿人”第一个头盖骨。同年将已发现的地点，以“北京猿人”遗址为第1地点，其余的依序编号及至第9地点。在第20地点以前，包括山顶洞遗址，是在裴文中和贾兰坡领导下发现的。第20至24地点是在贾兰坡领导下找到的。

“北京猿人”遗址位于周口店村西。这里有两座东西并列的山丘，东边的一座有一个大山洞，俗称“猿人洞”，东西长约140米，中部最宽处约20米。“北京猿人”在周口店居住的时间，大约从距今60多万年开始，一直到距今20多万年；“北京猿人”文化早期从距今60多万年到距今40多万年前，中期为距今40万年到30万年前，晚期为距今30万到20多万年前。周口店遗址第1地点从1921年发现和发掘起，已发现地层厚度达40多米，宛如一口深井。古生物学家按不同的地质成分把它划分为13层，“北京猿人”化石从

↑周口店北京猿人遗址

第2层至第3层均有发现，共出土头骨6具、头骨碎片12件、下颌骨15件、牙齿157枚、股骨7件、胫骨1件、肱骨3件、锁骨和月骨各1件以及一些头骨和面骨破片。

这些“北京猿人”遗骨分属40多个体。但这段时间发掘的绝大多数猿人化石在珍珠港事件前后，下落不明。现存的第1地点的猿人化石，保存在我国的有7枚牙齿、1段肱骨、1段胫骨、顶骨和枕骨各1件以及一具保存完好的下颌骨；1927年以前发现的三枚牙齿则由步林带到瑞典保管。在周口店第1地点发现用火遗迹，把人类用火的历史提前了几十万年。此处包括五个灰烬层、两处保存很好的灰堆遗存，烧骨则见于有人类活动的各层。此外，还发现烧过的朴树子、烧石和烧土块，甚至个别石器有烤灼的痕迹。对用火遗迹的研究，可知“北京猿人”不仅懂得用火，而且有控制火和保存火种的能力。烧火的燃料主要是草本植物，也有树枝和鲜骨。石器是“北京猿人”文化的主要代表，“北京猿人”创造了几种不同的打片方法，主要用的是砸击法，打磨出长

20~40 毫米的小石片，常见长度为 20~30 毫米，用工具把物品放在石片上砸。工具分两大类，第一类包括锤击石锤、砸击石锤和石钻；第二类有刮削器、尖状器、砍砸器、雕刻器、石锥和球形器。

↑周口店北京猿人像

“七七事变”后，周口店被日军占领，发掘人员被杀，裴文中和贾兰坡的办公室被捣毁，发掘工作被迫停止。抗日战争时期，已发掘出的六个较完整的头盖骨存放于美国人开办的北京协和医学院内。太平洋战争爆发前夕，中美双方计划将其转运美国，以防其落入日本人手中。可惜转运途中头盖骨失踪，至今下落不明。中华人民共和国建立后，又对周口店遗址进行了发掘。1953 年在周口店北京猿人遗址附近建成了周口店遗址博物馆，对公众开放。1973 年又发现了介于北京猿人和山顶洞人的猿人，称为“新洞人”，表明了北京猿人的延续和发展。

北京猿人的发现，为人类进化理论提供了有利实证，是中国科学家为世界考古史做出的伟大贡献。对“北京猿人”及其文化的发现与研究，解决了十九世纪以来的关于“直立人”是猿还是人的争论。事实证明，“直立人”处于人类历史的最早期，是从猿到人进化过程最重要的环节之一，他们是“南猿”的后代，“智人”的祖先。“北京猿人”具有“直立人”的典型形态，而“北京猿人”对火的使用，更加完善了其作为人的特征。后来“山顶洞人”化石和遗址的发现，更充分表明了“北京猿人”的发展和延续。“北京猿人”的发现，为中国古人类及其文化的研究奠定了基础，是当之无愧的人类远古文化宝库。联合

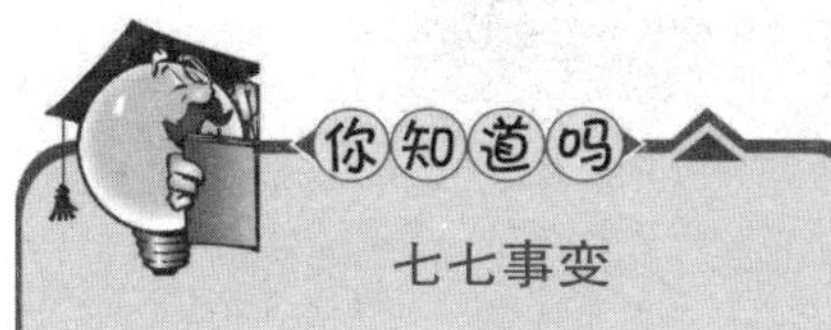

七七事变

七七事变，又称“卢沟桥事变”，是 1937 年 7 月 7 日发生在今中国北京卢沟桥的中日军事冲突，日本就此全面进攻中国。“七七事变”是日本帝国主义为实现鲸吞中国的野心而蓄意制造出来的，是日本帝国主义全面侵华的开始。

国教科文组织世界遗产委员会于 1987 年 12 月批准周口店北京猿人遗址为世界文化遗产。

生物进化论

十九世纪中叶，达尔文创立了科学的生物进化学说，以自然选择为核心的达尔文进化论，第一次对整个生物界的发生、发展，作出了唯物的、规律性的解释，推翻了特创论等唯心主义形而上学在生物学中的统治地位，使生物学发生了一次革命性变革。除了生物学外，生物进化理论对人类学、心理学及哲学的发展都产生了不容忽视的影响。

仰韶文化

“仰韶文化”是黄河中游地区重要的新石器时代文化，于1921年在河南省三门峡市渑池县仰韶村被发现。仰韶文化的持续时间大约在公元前5000年至前3000年之间。由于以彩绘陶器为特征的文化现象首先在河南省三门峡市渑池县仰韶村发现，故命名为“仰韶文化”，从而使仰韶村遗址闻名中外。

仰韶文化遗址的发掘

1916年6月，受聘于中国政府地矿部的瑞典地质学家安特生，在山西勘探铜矿资源的时候，偶然发现了一批古新生代的生物化石。而当时矿藏资源勘探工作正处于难以为继的状态，当时地理测绘研究所随即结合安特生的发现结果调整了工作重心，转而进行对古新生代化石的大规模收集整理工作，这一工作得到了当时的中国政府以及瑞典皇室的支持。于是，安特生开始了他的考古生涯。

“仰韶文化”主要分布于黄河中下游一带，以河南西部、山西西南的狭长地带为中心，东至河北中部，南达汉水中上游，西及甘肃洮河流域，北抵内蒙古河套地区。已发掘出的近百处文化遗址、出土文物均反映出较相似的文化特征。“仰韶文化”遗址总面积近30万平方米，文化层厚约2米，最厚处达4米。1951年，中国科学院考古研究所对该遗址进行了小规模发掘，发现这里有四层文化层相叠压，自下而上是“仰韶文化”中期——“仰韶文化”晚期——“龙山文化”早期——“龙山文化”中期。1961年3月，国务院将“仰韶文化”遗址定为国家重点文物保护单位。1994年，中国历史博物馆组织中国和美、英、日等国的考古专家进行国际田野文物考察，在仰韶村附近的班村，发现了大量珍贵文物，其中最有价值的是数十斤5000年前的小米，这说明中国农业发展历史悠久。

“仰韶文化”是中国新石器时代的一种彩陶文化。到2000年为止，全国被列入统计的“仰韶文化”遗址共5213处，以华山为中心分布。东起豫东，西至甘肃、青海，北到河套内蒙古长城一线，南抵江汉，中心地区在陕西关中、陕北一带。具体分布情况是：陕西省2040处、河南省1000处、山西省1000处、甘肃省1040处、河北省50处、内蒙古自治区约50处、湖北省23处、宁夏回族自治区7处、青海省3处。其中，陕西省境内的遗址主要分布在关中和陕北南部的延安市，两地遗址数量相加达1774处，大大超过周边省份。

目前，“仰韶文化”分布区面积最大的遗址，是陕西关中地区耀州区的石柱塬遗址，面积达300万平方米。据先秦文献记载的传说与夏、商、周立都范围可知，汉族的远古先民大体以西起陇山、东至泰山的黄河中、下游为活动地区。主要分布在这一地区

↓“仰韶文化”遗址之一

↑“仰韶文化”遗址出土的文物

的“仰韶文化”和“龙山文化”这两个类型的新石器文化，一般认为是汉族远古先民的文化遗存。

仰韶文化的特征

通过对“仰韶文化”遗址，以及对陕县庙底沟与三里桥遗址、洛阳王湾遗址和孟津妯娌遗址等处的发掘，结合陕西半坡遗址等的大面积发掘，考古工作者进一步了解了“仰韶文化”时期的基本面貌。当时的人们过着定居生活，拥有一定规模和布局的村落；以原始农业为主要经济形式，同时兼营畜牧、渔猎和采集；主要的生产工具是磨制石器；生活用具主要是陶器；此时反映人们意识形态的埋葬制度已经初步形成。仰韶遗址的考古与发掘，无可辩驳地证明了中国不但有“新石器时代”的遗存和文化，而且相当发达，使过去宣扬的“中华文化西来说”不攻自破。

“仰韶文化”是以农业为主的文化，其村落或大或小，比较大的村落的房屋有一定的布局，村落周围有一条围沟，村落外有墓地和窑场。村落内的房屋主要有圆形和方形两种，早期的房屋以圆形单间为多，后期以方形多间为多。房屋的墙壁主要是用泥做的，有的用草混在泥里面，也有的用木头做骨架。墙的外部多被裹草后点火燃烧过，以加强其坚固度和耐水性。选址一般在河流两岸经长期侵蚀而形成的阶地上，或在两河汇流处较高而平坦的地方；这里土地肥美，取水和交通都很方便，有利于农业、畜牧业的发展。生产工具以较发达的磨制石器为主，常见的有刀、斧、锛、凿、箭头、纺织用的石纺轮等。骨器

↑“仰韶文化”遗址出土的陶器

↑『仰韶文化』遗址

也打磨得相当精细。有较发达的农业，作物为粟和黍。饲养的家畜主要是猪，也有狗。人们也从事狩猎、捕鱼和采集。“仰韶文化”属于母系氏族公社制繁荣时期的文化，早期盛行集体合葬和同性合葬，几百人埋在一个公共墓地，排列有序。各墓规模和随葬品差别很小，女子随葬品略多于男子。

拓展阅读

仰韶彩陶

仰韶彩陶是中国“新石器时代”先民们智慧的结晶，是“仰韶文化”的重要标志。“仰韶文化”因最早发现于河南省渑池县的仰韶村而得名。在各种彩陶制品中，有水器、甑、灶、鼎、碗、杯、盆、罐、瓮等日用陶器，以细泥红陶和夹砂红褐陶为主，器物表面用红彩、白彩或黑彩画出绚丽多彩的几何形图案和动物形花纹。其中人面形纹、鱼纹、鹿纹、蛙纹以及鸟纹等形象逼真生动，不少出土的彩陶器为艺术珍品。它所反映出的精湛的艺术成就及其珍贵的文化价值，在考古学家对世界远古彩陶的研究中发挥着重要作用，所以“仰韶文化”又称“彩陶文化”。

河姆渡文化

“河姆渡文化”是中国长江流域下游地区古老而多姿的新石器文化，1973年发现于浙江余姚河姆渡，因而命名。它主要分布在杭州湾南岸的宁绍平原及舟山岛，经科学的方法进行测定，它存在于公元前5000年至公元前3300年之间。“河姆渡文化”遗址是新石器时代母系氏族公社时期的氏族村落遗址，反映了约7000年前长江流域氏族的情况。

经过1973—1974年和1977—1978年两次对河姆渡遗址的发掘，考古学家发现，遗址中有大量干栏式建筑的遗迹。植物残存有水稻的大量发现，被断定是人工栽培的水稻，此外植物残存尚有葫芦、橡子、菱角、枣等。动物方面有羊、鹿、猴、虎、熊等野生动物，以及猪、狗、水牛等家养的牲畜。“河姆渡文化”的骨器制作比较进步，有耜、鱼镖、镞、哨、匕、锥、锯形器等，一些有柄骨匕、骨笄上雕刻花纹或双头连体鸟纹图案，就像是精美的实用工艺品。在诸多的出土文物中，最重要的是发现了大量人工栽培的稻谷，这是目前发现的世界上最古老、最丰富的稻作文化遗址。人工栽培稻谷的发现，不但改变了中国栽培水稻从印

↑河姆渡遗址

度引进的传说，许多考古学者还依此认为河姆渡可能是中国乃至世界稻作文化的发源地。“河姆渡文化”遗址主要包括鲞架山遗址、慈湖遗址、小东门遗址、傅家山遗址、名山后遗址、塔山遗址、田螺山遗址、白泉遗址、灵山遗址等。

早的。它与北方地区同时期的半地穴房屋有着明显差别，成为当时长江以南最具有代表性的建筑形式。因此，长江下游地区的新石器文化同样是中华文明的重要渊源。它是代表中国古代文明发展趋势的另一条主线。

在过去，人们一直认为中华文明

→干栏式建筑

的发源地是黄河流域，只有黄河文明才是历史的主流，但是和半坡遗址处于同一时代的河姆渡遗址的发现改变了人们的认识。稻穗纹陶盆上印有稻穗的图案，弯弯的稻穗图案使人想象到，“河姆渡”时期的人们已经开始了水稻的栽培。1978 年的发掘出土了大量的稻壳，据发掘报告说，稻壳总量达到 150 吨之多，在已经炭化的稻壳中可以看到稻米，经分析确认这是七千前的稻米。水稻的栽培，使大量的

“河姆渡文化”的特征

“河姆渡文化”的农耕文明，首先表现在农具上，最具代表性的是大量使用耒耜。“河姆渡文化”的建筑形式主要是栽桩架板高于地面的干栏式建筑。干栏式建筑作为中国长江以南新石器时代以来的重要建筑形式之一，目前“河姆渡文化”遗址的发现是最

↑河姆渡遗址

余粮囤积成为可能，随之而来的是贫富差别的出现。文化的发展也进入了新的阶段。

“河姆渡文化”的社会经济是以稻类作物农业为主，兼营畜牧、采集和渔猎。在遗址中普遍发现有稻谷、谷壳、稻秆、稻叶等遗存，还出土了许多动植物遗存，如橡子、菱角、桃子、酸枣、葫芦、薏仁米、菌米与藻类植物。“河姆渡文化”时期人们的居住地已形成大小各异的村落。在村落遗址中有许多房屋建筑基址。但由于该地是属于河岸沼泽区，所以房屋的建筑形式和结构与中原地区和长江中游地区发现的史前房屋有着明显的不同。生活用器以陶器为主，并有少量木器。

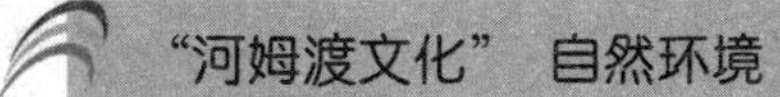

“河姆渡文化” 自然环境

河姆渡遗址位于长江下游地区，河湖泥沙沉积土壤肥沃，为原始农业的产生提供了良好的条件。遗址附近水源丰富，适合需要水的稻类作物生长，在此发现的稻谷、稻壳、稻秆、稻叶的遗存，是中国水稻栽培起源的最佳例证，也是目前世界稻作物史上最古老的人工栽培稻记录。当地降水多，气温高，应属常绿阔叶林和亚热带落叶阔叶林，森林里有水鹿、野猪、牛等动物。河姆渡出土的大量野生动物遗骸，以鹿科动物最多，当时最具代表性的农具“骨耜”即采用鹿、水牛的肩胛骨加工制成。密布如织的沼泽，又为水生动植物提供了良好的生活环境，也为发展渔猎、饲养提供了必要的条件。遗址中所发现的柄叶连体木桨，证明当时已有舟楫之便，除用于交通外，可能也在渔猎活动中乘用。杆栏式的房屋也适应了南方高温潮湿的生活环境。自然环境的不同，使“河姆渡文化”与华北“仰韶文化”有所差别。

河姆渡出土相当多的骨哨，是一种乐器，也是狩猎时模拟动物声音的一种狩猎工具。陶埙也是河姆渡的出土遗物，埙身呈鸭蛋形、中空，一端有一小吹孔，也是中国一种古老的乐器，市面上观光区兜售的陶笛与此相似，只是河姆渡的陶埙只有吹孔而无音孔，这也是原始乐器与现代乐器的区别。河姆渡遗址充分显示出南方长江流域在新石器时代中期文化的特点，也充分体现了中国文化是向多元方向发展的。

↑河姆渡遗址博物馆

红山文化

“红山文化”以辽河流域中辽河支流西拉沐沦河、老哈河、大凌河为中心，分布面积达 20 万平方公里，“红山文化”年代在公元前 4000—前 3000 年，延续时间达两千年之久。“红山文化”的社会形态初期处于母系氏族社会的全盛时期，主要社会结构是以女性血缘群体为纽带的部落集团，晚期逐渐向父系氏族过渡。经济形态以农业为主，兼以牧、渔、猎并存。它的遗存以独具特征的彩陶与“之”字型纹陶器共存为主，且兼有细石器的新石器时代文化。

↓“红山文化”遗址之一

红山的传说

红山，位于内蒙古自治区赤峰市东北郊的英金河畔。蒙元时代，蒙古族人叫它为“乌兰哈达”，汉语译为“红色的山峰”。后来都叫它“红山”。二十世纪初，中国处于军阀割据时期，当地喀喇沁蒙古王公聘请了一位叫鸟居龙藏的日本学者来讲学，当年这位日本学者越过辽上京（今巴林左旗）来到了红山，发现了一些陶片。后来，陆续有些外国人来此地进行考古发掘，都无功而返。

红山古玉的正式发现，是在

二十世纪七十年代。1971年5月，内蒙古赤峰市翁牛特旗三星他拉村村民在北山植树时，意外掘出一件大型碧玉雕龙。其后不久，在内蒙古敖汉轱

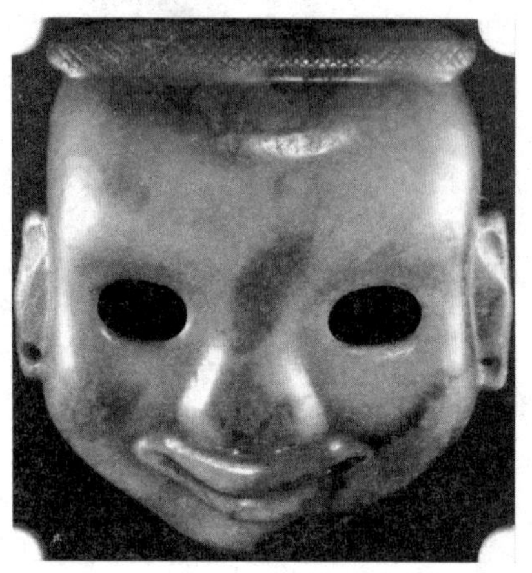

↑“红山文化”遗址出土的神人面谱

辘板壕、克什克腾旗好鲁库石板山、阜新胡头沟等地“红山文化”遗址中又陆续发现了数批玉雕龙、大型勾云佩等“红山文化”玉器。1979年5月，考古工作者又在辽西凌源三官甸子城子山找到了具有科学地层依据的“红山文化”玉器墓葬。从此，人们开始意识到，中国玉雕艺术的源头可能发生在“红山文化”时代的西辽河流域。从而使“红山文化”确有玉器成为定论。我国历史学家研究发现，中国古文献记载的黄帝图腾（熊、龙、龟、云、鸟等），均有“红山文化”玉器与之对应。这些图腾性玉器反映了5500年前红山人的生产、生活、生育和生灵情况，而玉龙玉凤则是红山人最尊崇的玉器。

“红山文化”遗址

二十世纪八十年代中期，经过对辽西东山嘴、牛河梁“红山文化”女神庙、祭坛、积石冢的发掘，终于取得了更重大的发现。

辽宁省朝阳市的喀左县东山嘴遗址坐落在山梁顶部中央，面向东南，俯瞰大凌河开阔的河川。这是一处用大石块砌筑的成组建筑遗址，呈南圆北方、中心两侧对称的形状。南部圆形祭坛旁出土的陶塑人像中，有在中国首次发现的女性裸像。伴随出土的陶器，如镂孔塔形器等，造型奇特，显然不是日常生活用具。可见，这里是神圣的祭祀之处。

牛河梁“红山文化”遗址位于辽宁省朝阳市的凌源、建平两县交界处，是在1981年文物普查时发现的。现已在五处地点发掘出许多重要的历史文化遗迹，具有代表性的有距今大约5500年前的大型祭坛、女神庙、积石冢和“金字塔”式建筑。遗址内涵丰富，出土文物精美绝伦、世间罕见，被称为“东方文明的新曙光”。

“红山文化”遗址中发现的坛、庙、冢，代表了已知的中国北方地区

史前文化的最高水平，因而，引发了专家们对中华文明起源史、中华古国史进行新的思考；把中华文明起源史的研究，从四千年前提早到五千年前；把中华古国史的研究，从黄河流域扩大到燕山以北的西辽河流域。

拓展阅读

红山女神

牛河梁遗址出土的精妙绝伦的女神陶塑，为5500年前红山人仿照真人形象所制，具有明显的蒙古人种特征，与现在华北人脸型近似。其面部特征为高颧骨，浅眼窝，低鼻梁，薄嘴唇。眼珠是用晶莹碧绿圆玉片镶嵌而成，双目炯炯，神采飞扬。后被考古界誉为“红山女神”。

“红山文化”近年不断有新发现，2003年在红山后新发现了一处保存完整的夏家店下层文化祭祀遗址。红山遗址群于2006年被国务院公布为全国重点文物保护单位。“红山文化”具有重要的历史价值。“红山文化”的发现，使西拉沐沦河流域与黄河流域、长江流域并列成为中华文明的三大源头；“红山文化”与“良渚文化”成为中国古代两大玉文化中心。

↑“红山文化”遗址出土的文物

红山古玉的发现

自二十世纪八十年代以来，红山古玉的发现和研究，接连取得了一系列重大突破。辽宁西部的阜新蒙古族自治县的沙拉乡茶海遗址，属于距今8000年前的前“红山文化”类型。这一重大发现，印证了“红山文化”是“玉龙故乡，文明发端”的论断。

茶海遗址经过发掘出土有玉玦、玉匕、管状器、如斧似锛形器等。阜新胡头沟墓葬陆续出土了玉龟、玉鸮、玉鸟、玉璧、玉环、鱼形玉佩、联环玉璧；凌源三官甸子墓葬区发

↑红山古玉

现了马蹄形玉器、玉钺、玉环、勾云纹玉饰、玉蝉、竹节形玉饰、猪首玉饰；建平县牛河梁积石冢群发现了玉环、双联玉璧、马蹄形玉箍、玉猪龙、玉璧、方形玉饰、棒形玉器、勾云形玉饰；喀左东山嘴子遗址出土了双龙首玉璜、绿松石鸟形佩；巴林右旗那斯台遗址发现了玉蚕、玉猪龙、玉凤、勾云纹玉佩、玉鸮、鱼形玉饰、三联玉璧、勾云形玉器、玉斧、玉管等。此外，在辽西地区和内蒙古赤峰市的敖汉旗、翁牛特旗、锡林郭勒盟所属各旗，也都有玉龙、玉琥、玉鸟、马蹄形玉箍、勾云纹玉饰、玉斧、玉棒等各种形制的玉器发现，而且数量相当可观。

红山居民的生活

红山居民主要从事农业生产，还饲养猪、牛、羊等家畜，兼事渔、猎，细石器工具发达；还有磨制和打制的双孔石刀、石耜、有肩石锄、石磨盘、石磨棒和石镞等。陶器以压印和篦点

→『红山文化』地貌

的“之”字形纹和彩陶为特色，种类有罐、盆、瓮、无底筒形器等。彩陶多饰涡纹、三角纹、鳞形纹和平行线纹。已出现结构进步的双火膛连室陶窑。玉雕工艺水平较高，玉器有猪龙形缶、玉龟、玉鸟、兽形玉、勾云形玉佩、箍形器、棒形玉等。“红山文化”遗址还发现相当多的冶铜用坩埚残片，说明冶铜业已经产生。房屋为方形半地穴式，分为大型与小型。

“红山文化”是与中原“仰韶文化”同时期分布在西辽河流域的发达文明，在发展中同中原“仰韶文化”相交汇产生的多元文化，是富有生机和创造力的优秀文化，内涵十分丰富，手工业达到了很高的水平，形成了极具特色的陶器装饰艺术和高度发展的制玉工艺。“红山文化”的彩陶多为泥质，以红陶黑彩为多见，花纹十分丰富，造型生动朴实。玉器制作是磨制加工而成的，表面光滑，晶莹明亮，极具神韵，发展中具备了专业化、系统化、规范化的特征，到目前为止，“红山文化”的玉器已出土近百件之多，其中出土自内蒙古赤峰红山的大型碧玉C形龙，周身蜷曲，吻部高昂，毛发飘举，极富动感。“红山文化”全面反映了中国北方地区新石器时代文化特征和内涵。其后，在邻近地区发现有与赤峰红山遗址相似或相同的文化特征的诸遗址，统称为“红山文化”。已发现并确定属于这个文化系统的遗址，遍布辽宁西部地区，近千处。

齐家文化

“齐家文化”的名称来自于其主要遗址齐家坪遗址，1923 年由瑞典考古学家安特生所发现。属于黄河上游地区的铜石并用的文化。“齐家文化”年代为公元前 2000 至前 1900 年之间。齐家文化的分布是以今甘肃兰州一带为中心，东至陕西的渭水上游、西至青海湟水流域，北至宁夏和内蒙古，除了齐家坪遗址之外，较著名的有甘肃永靖大河庄遗址、泰魏家遗址、武威的皇娘娘台，青海乐都的柳湾遗址等。迄今共发现遗址 350 多处。

↑甘肃永靖大河庄遗址

“齐家文化” 的经济

“齐家文化”的经济生活以农业为主，各氏族都过着比较稳定的定居生活。生产工具以石器为主，其次为骨角器。农业生产中挖土的工具主要是石铲和骨铲，有些石铲开始用硬度很高的玉石来制作，器形规整，刃口十分锋利。骨铲系用动物的肩胛骨或下颚骨制成，刃宽而实用；收割谷物用的石刀、石镰多磨光穿孔；石磨盘、石磨棒、石杵

等用于加工谷物。总的看来，石斧、石铲、石锛的数量很少，这也反映当时的农业生产并不发达。

↑“齐家文化”出土的陶器

作为农业生产的重要补充，当时的畜牧业相当发达。从出土的动物骨骼得知，家畜以猪为主，还有羊、狗、牛、马等。仅皇娘娘台、大何庄、秦魏家三处遗址即发现猪下颌骨800多件，表明当时养猪业已成为经济生活的重要内容。饲养业发展的同时，采集和渔猎经济也有一定程度的发展，一些遗址中发现了氏族先民捕获的鼬、鹿、狍等动物的骨骼。

“齐家文化”的手工业

“齐家文化”的手工业生产已有了很大发展。制陶技术以泥条盘筑法手制为主，部分陶器经慢轮修整，有一些陶罐的口、颈尚留有清楚的轮旋痕迹。制陶工匠已掌握了氧化焰和还原焰的烧窑技术，陶器主要是泥质红陶和夹砂红褐陶，一些器物的表面施以白色陶衣。大多数陶器是素面的，有些罐类和三足器拍印篮纹和绳纹，也有少量彩陶，绘以菱形、网格、三角形、水波和蝶形花纹，线条简化而流畅。陶器造型以平底器为主，三足器和圈足器较少。典型陶器有双耳罐、盘、鬲、盆、镂孔圈足豆等，其中以双大耳罐和高领双耳罐最富有特色。“齐家文化”的陶工还善于用黏土捏制各种人头和动物，人头长颈圆颊，双眼仰望；动物有马、羊或狗等，形体小巧生动。还有一些陶制瓶和鼓形响铃，铃内装一个小石球，摇时叮当作响，是巧妙的工艺品。“齐家文化”的

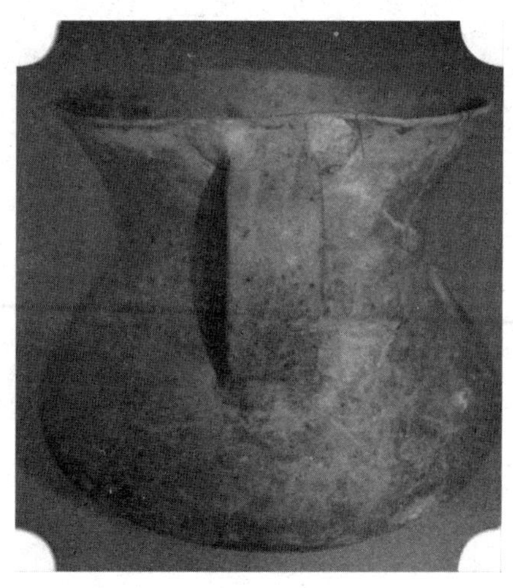

↑陶质双耳罐

陶器以黄色陶器为主，且有刻创纹路，并常有绳纹出现。

“齐家文化”纺织业的进步也比较显著。在居址中、墓葬里普遍发现大批陶、石纺轮及骨针等纺织缝纫工具。有的墓葬人骨架上、陶罐上有布纹的印痕。在大何庄一件陶罐上的布纹保存较好，布似麻织，有粗细两种，粗的一种每平方厘米经纬线各 11 根，细的一种经纬线更为细密。当时人们穿的衣服主要是用这类麻布缝制的。

冶铜业的出现，是“齐家文化”对中华民族早期青铜器铸造和生产力发展的一项突出贡献。皇娘娘台、大何庄等处遗址发现红铜器和青铜器共 50 多件，种类有刀、锥、凿、环、匕、斧、钻头、镜和铜饰件等，还有一些铜渣。齐家坪遗址出土的一件铜斧，刃部锋利，全长 15 厘米，是“齐家文化”遗址出土的最大的一件铜器。尕马台遗址出土的一件铜镜，直径 9 厘米，厚 0.4 厘米，一面光平，一面饰七角星形纹饰，保存较好。这些铜器的制作多采用冷锻法，也有的采用单范铸造与简单的合范铸造，表明黄河上游地区在中原夏王朝统治时期，冶铜业的发展已居各部族的前列。

“齐家文化” 的玉器

近年还出土有数量更多、质量更精美的“齐家文化”玉器，其种类在 30 种以上。除了常见的品种之外，发现有许多新的品种。如礼器玉琮，除形制各异、大小不等的素面纹琮外，还有竹节纹琮、弦纹琮，更有在琮的一端、射孔之上装饰有牛、羊、熊或虎等浮雕纹饰的兽首或兽面纹琮、人面纹琮或琮形器。兵器有戈、矛、刀、钺、戚，个别的兵器上还嵌有一枚或几枚绿松石；装饰品有各种玉佩饰、坠饰、发箍等。

↑“齐家文化”出土的玉器

“齐家文化”玉器使用的玉材，主要是甘肃、青海本地的玉，还有新疆和田玉。在“齐家文化”圈内的甘肃临夏、榆中境内的马寒山和酒泉等地出产墨绿色、艾青色、豆绿色玉材以

↑“齐家文化”出土的玉环

及属蛇纹石鸳鸯玉和试金石类黑色石材。陇西的鸳鸯沟即出鸳鸯玉。齐家文化玉器中的工具类如斧、锛、凿等，便主要选用本地玉，一部分工具直接选用接近石质或玉内含有较重石质的材料。但“齐家文化”的玉器已有相当数量是由新疆和田玉制成。一般说来，礼器类的琮、璧、环、璜、钺、刀、璋等，都选择玉质滋润、色泽纯美的本地玉或和田玉。和田玉的发现与运用当早于“齐家文化”，但大量用来制作礼器和部分工具，当始于“齐家文化”。

“齐家文化”古墓群

目前已发现的“齐家文化”墓葬共约八百多座。其中有成年男女二人合葬墓，其男性为仰身直肢，女性则位左，侧身、肢面向男性；在皇娘娘台遗址的成年一男二女的三人合葬墓

↑“齐家文化”的墓葬

里，男性仰身直肢位于中间，二女分列左右，屈附其旁。这些合葬墓表明“齐家文化”中的婚姻状况已由多偶婚制过渡到一夫一妻制，只有少数富裕的人家中过着一夫多妻制的生活，同时也说明男子在社会上居于统治地位，而女子则降至从属和被奴役的地位。

“齐家文化”中还存在以人殉葬的习俗，殉葬者一般都是奴隶或部落战争中的受害者。殉葬这一恶俗反映了人们社会地位的差别与阶级分化。墓葬中随葬品的多与少也显示出贫富不均的社会现实。如皇娘娘台遗址墓葬的随葬器物，陶器少者一两件，多者则达 37 件，玉石璧少的只有 1 件，多者 83 件。这种情况表明，“齐家文化”中以冶金业为主导的手工业在不断地进步，促进了生产力的发展，也说明社会内部发生了深刻的变化。阶级的出现，私有制的产生，导致原始社会将要崩溃，推动“齐家文化”进入军事民主制阶段。

大汶口文化

"大汶口文化"年代，指公元前6300年到前4500年之间，是新石器时代后期父系氏族社会的典型文化形态。以泰山地区为中心，东起黄海之滨，西到鲁西平原东部，北至渤海南岸，南及今安徽的淮北一带，河南境内也发现少部分这类遗存。因首先发现于大汶口，人们遂把以山东泰安市大汶口遗址为代表的文化遗存，命名为"大汶口文化"。"大汶口文化"的发现，使黄河下游原始文化的历史，由公元前4000多年的"龙山文化"向前推进了2000多年。在"大汶口文化"的后期墓葬中，出现了夫妻合葬和夫妻带小孩的合葬，它标志着母系氏族社会的结束，开始或已经进入了父系氏族社会。

↑"大汶口文化"出土的白陶鱼篓罐

"大汶口文化"的发掘

在二十世纪中后期，考古学界先后对"大汶口文化"遗址进行了多次发掘。遗址内涵丰富，有墓葬、房址、窖坑等。出土的生活用具主要有鼎、豆、壶、罐、钵、盘、杯等器皿，分彩陶、红陶、白陶、灰陶、黑陶几种，特别是彩陶器皿，花纹精细匀称，几何形图案规整。生产工具有磨制精致

↑“大汶口文化”出土的陶器

的石斧、石锛、石凿和磨制骨器，而骨针磨制之精细，几可与现代的针媲美。墓葬以仰卧伸直葬为主，有普遍随葬獐牙的风习，有的还随葬象征财富的猪头、猪骨。

“大汶口文化”遗址根据地层叠压关系和遗物特征，可以区分为早、中、晚三期。有泥质、加砂陶，早期以红陶为主，晚期灰陶黑陶比例上升，并出现白陶、蛋壳陶。陶器以手制为主，晚期发展为轮制陶器，烧成温度900℃～1000℃。器型有鼎、鬶、盉、豆、樽、单耳杯、觚形杯、高领罐、背水壶等。许多陶器表面膜光，纹饰有划纹、弦纹、篮纹、圆圈纹、三角印纹、镂孔等。彩陶较少但富有特色，彩色有红、黑、白三种，纹样有圈、点、几何、花叶等。

“大汶口文化”的发现，为山东地区的“龙山文化”找到了渊源，也为研究黄淮流域及山东、江浙沿海地区原始文化，提供了重要线索。

龙山文化

“龙山文化”泛指中国黄河中、下游地区在新石器时代晚期的一类文化遗存。“龙山文化”为铜石并用时代文化，因首次发现于山东历城龙山镇（今属章丘）而得名，存在年代为约公元前4350年—公元前3950年。分布于黄河中下游的山东、河南、山西、陕西等省。“大汶口文化”出现的快轮制陶技术在这一时期得到普遍采用，磨光黑陶数量更多，质量更精，烧出了薄如蛋壳的陶器，表面光亮如漆，是中国制陶史上的顶峰时期。

“大汶口文化”的类型

“大汶口文化”遗址是新石器时代的典型文化遗存，与长江流域的河姆渡文化，被共称为中华民族的文明起源。

有专家认为，“大汶古文化”可以划分为“大汶口”“大墩子”和“三里河”三个类型。

（1）大汶口类型：包括山东中南部的泰安、济宁等地区的“大汶口文化”遗址。经过发掘的有滕州岗上、曲阜西夏侯、邹城野店、兖州王因等遗址。该类型的特点表现在陶器器形

↑“大汶口文化”出土的玉器

上，以釜形鼎、大镂孔编织纹高柄豆、背壶、筒形杯、盉、樽形器、圈足瓶、袋足鬶、带耳杯等较有代表性。墓葬以头向东单身仰身直肢葬为主，并有少量仰身屈肢葬和俯身葬。死者手中多握有獐牙器。早期墓葬中还有一定数量的同性合葬墓。

↑大墩子类型

（2）大墩子类型：因最初发现于江苏北部的邳州市大墩子而得名。主要分布于淮河以北的苏北地区。经过发掘的有邳县刘林、新沂花厅、连云港二涧村等遗址。陶器以鼎、鬶、豆、背壶、带把三足罐、篮形器、钵、觚形杯、高圈足杯、罐等较有代表性。墓葬的葬式也以头向东或东北的单身仰身直肢葬为主，死者手中也多握有獐牙器。有的墓中的死者两眼处还放有石环。

（3）三里河类型：因山东胶州三里河遗址具有代表性而得名。主要分布于山东潍坊地区和日照等地。经过发掘的有日照东海峪、安丘景芝镇、诸城呈子等遗址。陶器以釜、罐形鼎、鬶、单耳长颈壶、双耳长颈壶、细长瓶、大口折肩樽、单耳杯、高柄杯、折腹钵等较具有代表性，背壶、豆、

筒形杯较少。墓葬的葬式以头向西和西北的单人仰身直肢葬为主。在呈子遗址中还有较多的合葬墓，并有重叠葬，死者手中也多握有獐牙器或蚌器，有的死者手臂处放有石钺、蚌器、黑陶杯和海螺等，有的死者口中还有玉琀。用猪下颌骨随葬比较普遍。

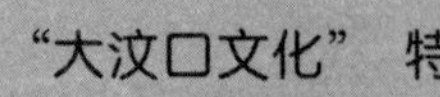

↑三里河类型

“大汶口文化” 特征

“大汶口文化”主要有以下特征：

（1）以农业生产为主，兼营畜牧业，辅以狩猎和捕鱼业。已发现许多大小不等的村落遗址。村落所选择的地点，有的在靠近河岸的台地上，也有的在平原地带的高地上。农业以种植粟为主，在三里河遗址的一个窖穴中考古学家曾发现 1 立方米的碳化粟，另外，还有大量牛、羊、猪、狗等家畜骨骼陆续被发现。

（2）房屋多数属于地面建筑，但也有少数半地穴式房屋。在呈子遗址中曾发掘出一座“大汶口文化”近方形的房屋，房基东西长 4.65 米，南北长 4.55 米，房门朝南。筑法是先在地坪上挖 0.5 米的基槽，槽内填土夯实。墙基内有密集的柱洞，室内有四个柱洞。在大墩子的“大汶口文化”墓葬中，还出土有陶制的房屋模型，一件立面呈长方形，短檐，攒尖顶，前面开门，三面设窗，门口及周围墙上刻有狗的形象。一件立面呈三角形，前面开门，左右及后墙也开窗。另一件横断面呈圆形，上有一周短檐，攒尖顶，无窗。这些陶制房屋模型，为我们提供了相当形象的“大汶口文化”房屋形状参考。

（3）“大汶口文化”的灰坑有圆形竖穴和椭圆形竖穴，原先的用途可能是储藏东西。也有口大于底的不规则形灰坑。

（4）“大汶口文化”的生产工具仍以石器为主，兼有一些骨器、角器

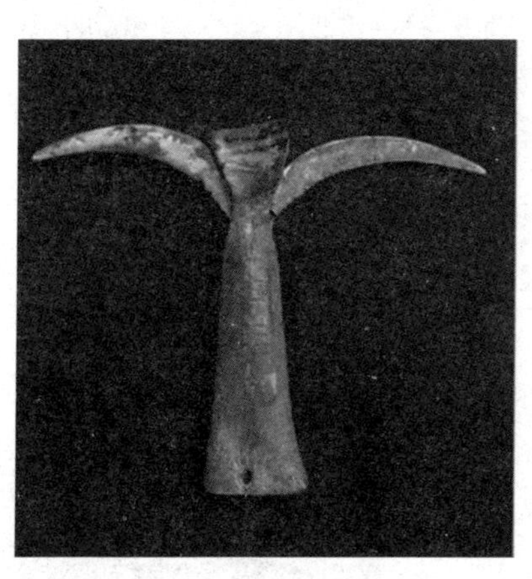

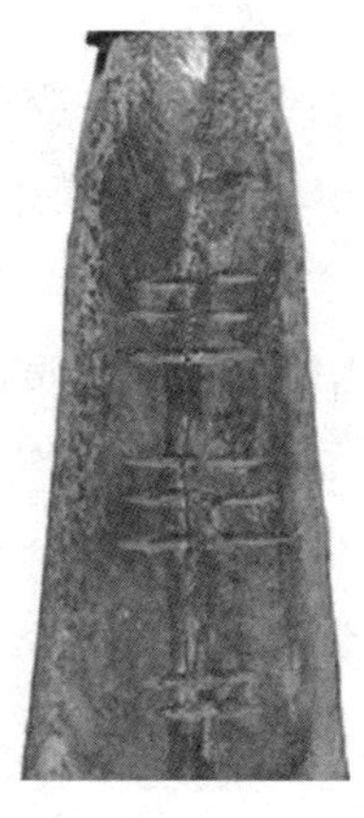

←「大汶口文化」的骨器

和蚌器。石器有铲、锛、斧、凿、刀、匕首、矛等，有的石铲和石斧钻有圆孔，还有一些带柄石铲和石锛。骨器有镰、鱼镖、镞、匕首和矛。角器有锄、鱼镖、镞、匕首。蚌器有镰和镞。另有少量的陶制网坠和陶制纺轮。根据出土层位，石器、骨器和角器都有一些变化，可分早、中、晚三期。

“大汶口文化”的经济状况

“大汶口文化”的农业生产，以种植粟为主。居民饲养猪、狗等家畜，也从事渔猎和采集。生产工具有石制的斧、铲、刀、镞，骨角制的锄、鱼镖、鱼钩和镞等。制陶业较发达，小型陶器开始用轮制法生产。陶器以三足器、圈足器和平底器较多，主要有鼎、豆、觚形杯、壶、高柄杯和鬶等。石器、玉器、骨角牙器和进行镶嵌的手工业也很兴盛，出土的玉钺、花瓣纹象牙筒、透雕象牙梳等，制作精致，工艺水平很高。

“大汶口文化”从早期起，家畜饲养就比较发达，各遗址出土有猪、狗、牛、鸡等家畜家禽的骨骼，墓地中常发现用狗和猪随葬。中期以后，以猪随葬的风气渐盛，墓葬中不断发现整猪、半只猪、猪头或猪下颌骨。在大汶口墓地，用猪随葬的墓占1/3以上，胶县三里河一座墓中随葬猪下颌骨多达32个，表明在中晚期各氏族部落养猪业已十分兴旺。

渔猎和采集经济在社会经济生活中仍比较重要。一些遗址发现的渔猎工具有尾部带孔的双倒刺或三倒刺的骨、角质鱼鳔、鱼钩，有扁平三角式、短梃圆柱式、长梃双翼起脊式等各种骨镞、角镞、牙镞，有石质和角质的匕首，还有石矛、骨矛等大型投刺猎具及较多的网坠。遗址中发现有獐、斑鹿、狸、麋鹿的残骨，这些野生动物当是人们狩猎的对象。在兖州王因遗址出土了二十多个扬子鳄的残骸，与鱼、龟、鳖、蚌等同弃于垃圾坑中，这一现象表明当时的氏族成员已经能集体捕获大的、凶猛的水生动物。

“大汶口文化”时期，手工业经济也发展到了较高的水平。制陶业、玉石制造业从农业中分离出来，成为独立的经济部门。

“大汶口文化”的晚期

“大汶口文化”晚期，随着生产的发展，私有制已经出现了。家猪就是大汶口氏族家族的一种重要财产。有一些大汶口墓葬里随葬有很多猪头和猪的下颌骨。这些随葬的猪头和猪的下颌骨，应是墓主人生前的私有财产。随葬的私有财产还有陶器、生产工具和各种装饰品等。

私有制的产生和发展，必然导致贫富分化，在氏族内部开始出现富有者和贫穷者。“大汶口文化”中、晚期的墓葬，清楚地反映了这种演变。从墓的规模看，有大墓和小墓。从随葬品来看，差别更加悬殊，有两组墓葬可以对比：一组七个墓，随葬品比较丰富，最多的达77件，最少的也有19件，都包括陶器、玉石器、猪头等；另一组四个墓，随葬品很贫乏，总共只有17件，为陶器、纺轮、獐牙等。可见贫富分化已经十分显著。

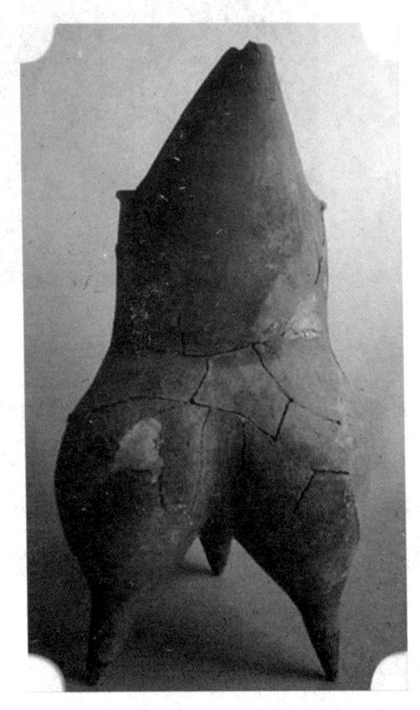

↑“大汶口文化”出土的陶器

黑陶和白陶是“大汶口文化”中晚期制陶业出现的两个新品种，反映了当时制陶工艺的显著进步。这时的陶器已用快转陶车制造。陶车由轮盘和轮轴组成。使用时，由一人转动轮盘，使其急速旋转，由另一人借助陶轮转动形成的离心力，配以双手灵巧的动作，将陶土塑成需要的器皿。用快转陶车制坯，生产效率高，质量也好。陶的烧制技术也有提高。扩大了窑室，缩小了火口，增加了火道支道和窑箅箅孔的数量，使热力分布更加

均匀。这时采用了高温下严密封窑技术，使陶土中的铁元素得以还原，有的还在陶土中掺过炭，因此烧成的陶器多为黑色。白陶用高岭土制造，制造时努力保持陶土的纯洁，因而烧成了白色。白陶的出现有重大的意义，它为以后瓷器的制作奠定了技术基础。白陶上有的还有图案花纹。

根据“大汶口文化”遗址的发掘，特别是墓葬的发掘，考古学家们对“大汶口文化”的社会发展阶段目前有三种不同看法：一种认为私有制已经确立，一夫一妻制已得到巩固，应处于父系氏族社会末期阶段。另一种认为墓内随葬品悬殊，并已出现文字，应是奴隶社会的初级阶段。再一种是根据大汶口墓葬材料，认为“大汶口文化”应处于母系氏族社会向父系氏族社会过渡阶段。到底哪种看法更接近远古的真实状况，相信随着越来越多的古文化被发掘，被研究，人们终会拨开云雾，还原历史一个真实的面目。

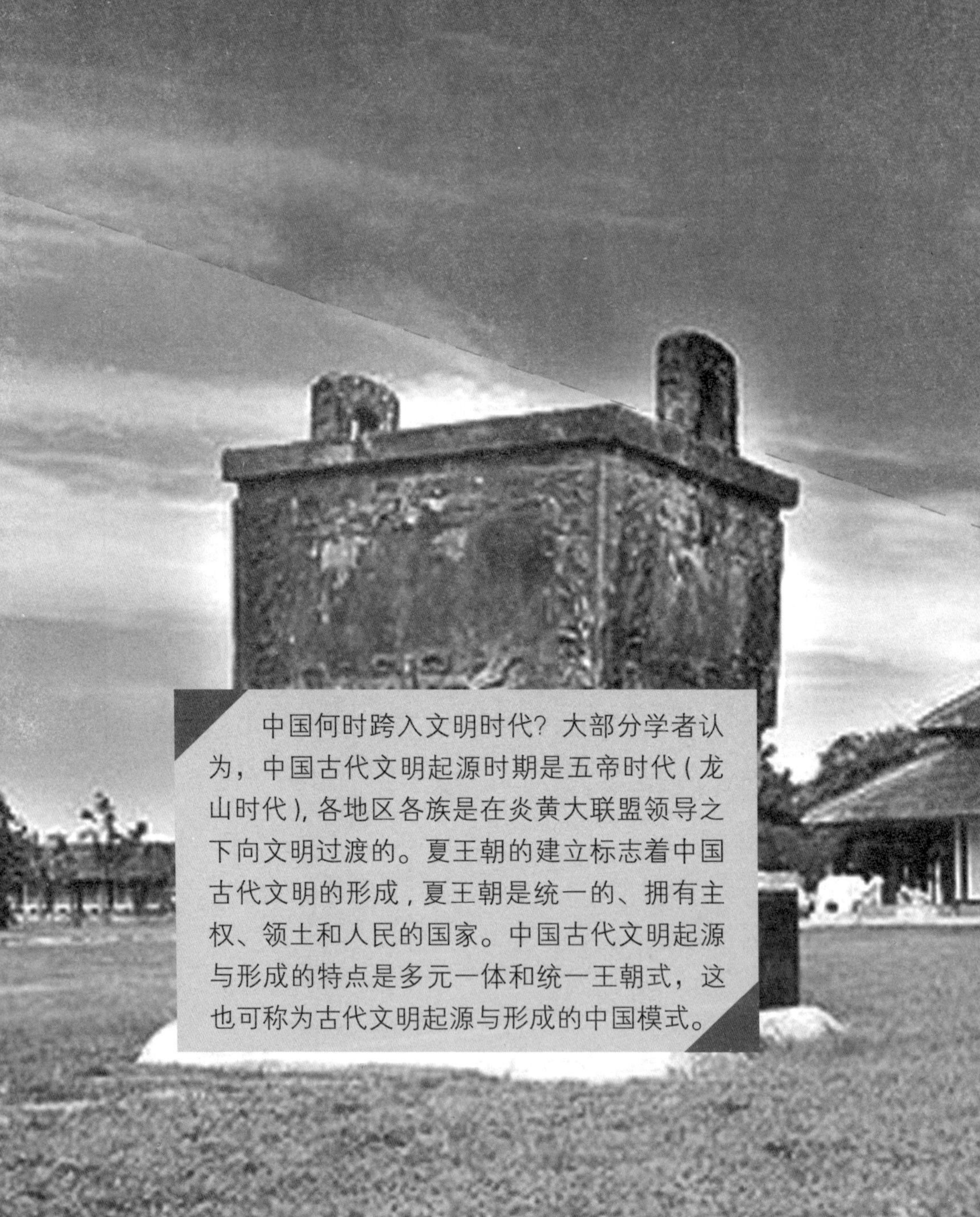

中国何时跨入文明时代？大部分学者认为，中国古代文明起源时期是五帝时代（龙山时代），各地区各族是在炎黄大联盟领导之下向文明过渡的。夏王朝的建立标志着中国古代文明的形成，夏王朝是统一的、拥有主权、领土和人民的国家。中国古代文明起源与形成的特点是多元一体和统一王朝式，这也可称为古代文明起源与形成的中国模式。

第二章

中华古文明的形成

燧人氏钻木取火

燧人氏又称“燧人”，远古人“茹毛饮血”，传说他钻木取火，教人烹熟食物，是人工取火的发明者。

人们就把这位圣人称为“燧人氏”。

清末著名学者尚秉和先生说：“火自无而有者也，其发明至为难能。燧皇感森林自焚，知木实藏火，不知几经攻治，几经试验，始钻木得之。其功又进于有巢，而即以是为帝号，可见当时之诧为神圣，而利赖之深矣。”又说：“或谓火化而食始于庖羲，故以为号，岂知燧人既发明出火，其智慧岂尚不知炮食？况炮者裹肉而烧之，燎其毛使熟耳。”尚先生在《历代社会风俗事物考》中还说：“由今追想未有火之先，凡肉皆生食，其有害于人而夭折者，不知凡几，且不知味。及得熟食，肉之腥臊者忽馨香矣，草木实之淡泊寡味者忽甘腴脆美矣，水之冰者可燠饮，居之寒者可取温矣。至黑夜燔柴以御虎豹，犹后也。当夫登台传教，广播为用之时，万民之感为至粗之法。燧人去伏羲近，伏羲益发达美备耳。其创于燧人，无疑也。”

人工取火的发明结束了人类“茹毛饮血”的时代，开创了人类文明的新纪元。所以，燧人氏一直受到人们的敬重和崇拜，并尊他为“三皇之首”，奉为“火祖”。著名史学家郭沫若先生主编的《中国史稿》中说：“人工取火的发明，对于远古人类的生活无疑起了极为重大的作用，引起后人极大的重视……这样的传说固然夹杂着后代的生活内容，蒙上了神秘的外衣，但它依然反映着朴素的远古人类生活的史实背景。”赵朴初先生曾作诗道：“燧人取火非常业，世界从此日日新。”恩格斯说：“就对世界的解放发挥的作用而言，摩擦生火还是超过了蒸汽机。因为摩擦生火第一次使得人支配了

燧人氏陵

一种自然力，从而与动物界分开。”

在今河南省商丘市城西南 2 公里的燧皇陵，相传就是燧人氏的葬地，其冢高约 7 米，周围松柏环绕。冢前有时任中国历史博物馆馆长俞伟超先生的手书碑刻及后世刻的石像，是人们为纪念燧人氏而立的。

伏羲氏发明八卦

伏羲氏所处时代约为新石器时代中晚期，他根据天地万物的变化，创制了历法，发明了八卦，成为中国古文字的发端，也结束了当时人们“结绳记事”的历史。他又结绳为网，用来捕鸟打猎，并教会了人们渔猎的方法，发明了乐器——瑟，创作了曲子《驾辨》，他的这些发明，标志着中华文明的起始，也留下了大量神话故事供人们传诵。

相传在“华胥之国”，有一位华胥氏姑娘，到风景秀丽的雷泽（今甘肃天水市境内）去游玩，偶尔看到了一个巨大的脚印，便好奇地踩了一下，于是受感而孕。怀孕12年后，于三月十八日生下一个儿子，取名“伏羲”（现在中原地区还有三月十八日祭祀伏羲的风俗）。传说雷泽中的脚印是雷神留下的，这位雷神长着龙的身子人的头，于是生下的伏羲是人首蛇身。《山海经·海内东经》记载：“雷泽中有雷神，龙身而人头，鼓其腹。”

一说伏羲即太昊，本姓风。传说他有圣德，像日月之明，故称“太昊”。又传他画八卦制历法，教民结网，从事渔、猎、畜、牧。伏羲是中国文献记载中最早的智者之一。伏羲对事物有着敏锐的观察力，对日月有着深厚的感情。相传孟津东部有一条图河与黄河相接，龙马负图出于此河，伏羲氏依龙马之图画出了乾、兑、离、震、巽、坎、艮、坤为内容的卦图，后人称为“伏羲八卦图”。伏羲仰观象于天，俯察法于地，用阴阳八卦来解释天地万物的演化规律和人伦秩序。伏羲始创的中国古代文化的八卦，是一组代表自然界天地水火山川雷电的象形文字，也是中国文字的起源。而其中所蕴含的博大精深的文化内涵，

↑伏羲台

成为古代东方哲学的标志，并吸引着国内外无数学者探索和研究。龙马负图遂成为“河图之源”。《汉书·孔安国传》曰：“龙马者，天地之精，其为形也，马身而龙鳞，故谓之龙马，龙马赤纹绿色，高八尺五寸，类骆有翼，蹈水不没，圣人在位，负图出于孟河之中焉。”

伏羲氏正婚姻、教渔猎。据史载，伏羲曾教人们织网捕鱼，从而使人类原始的狩猎状态进入到初级的畜牧业生产阶段；他确立了婚嫁制度，发明了乐器，改变了人们的生活。

随着部落的兼并和迁徙，伏羲所创立和倡导的古代文明沿渭水到黄河流域，与其他民族相融合，形成了以炎黄部落为核心，以伏羲文化为本体的华夏民族。因为伏羲人面蛇身而崇奉的蛇图腾，也由黄土高原蔓延到中原大地，演变成为龙图腾，成为中华民族的象征。伏羲在五帝中被尊为“东方天帝”。

伏羲氏的陵庙，位于今河南省淮阳县羲皇故都风景名胜区，毗邻风景秀丽的万亩龙湖。中国十八大名陵之一，因伏羲氏位居“三皇”之首，其陵墓被誉为“天下第一陵”。伏羲陵占地 875 亩，规模宏大，肃穆庄严，始建于春秋，增制于盛唐，完善于明清，经 3000 余年，历代帝王 52 次御祭，1996 年被国务院公布为“第四批国家级重点文物保护单位”。

女娲造人的传说

相传，女娲是人首蛇身的女神。某一天，她经过黄河的河畔，看到盘古开天辟地后创造的山川湖海、飞禽走兽，改变了原本一片寂静的世界。但是，女娲总觉得这世界还是缺了点什么，当她低头沉思，看到黄河河水里自己的倒影时，顿时恍然大悟。原来世界上还缺少了像自己这样的“人”。于是，女娲就参照自己的外貌用黄河的泥土捏制了泥人，再对泥人施加法力，泥人就变成了人类。

神农氏教人稼穑

神农氏是传说中的农业和医药的发明者，“三皇”“五帝”之一。远古人民过着采集、渔猎生活，神农氏发明制作木耒、木耜，教民稼穑饲养，农业生产。又传说他遍尝百草，发现药材，教人治病。

继伏羲氏以后，神农氏是又一个对中华民族产生深远影响的传奇人物。他除了发明农耕技术外，还发明了医术，制定了历法，开创了九井相连的水利灌溉技术等。

相传，上古时候，五谷和杂草长在一起，药物和百花开在一起，哪些粮食可以吃，哪些草药可以治病，人们根本分不清。黎民百姓靠打猎过日子，可是一到冬天，就很难再捕捉到飞禽走兽，饿死的人比比皆是。谁要生疮害病，无医无药，只能听天由命！老百姓的疾苦，神农氏瞧在眼里，疼在心头。

后来，神农氏用很长时间，踏遍了山山岭岭，遍尝百草。他尝出了麦、稻、

↓神农氏教化人类种植

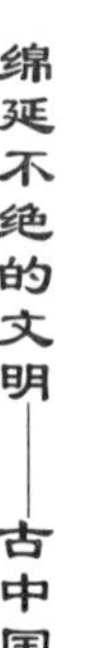

农神神农架

谷子、高粱能充饥，就叫百姓把种子带回去种植，这就是后来的“五谷”。他尝出了三百六十五种草药，写成《神农本草》，为天下百姓治病。后来，为了纪念神农尝百草、造福人间的功绩，老百姓就把神农氏活动过的那一片茫茫林海，取名为“神农架”。

据《史记·五帝本纪》记载，到黄帝时，诸侯之间互相侵伐，暴虐百姓，于是黄帝“修德振兵”，讨伐消灭了危害最大的蚩尤，此后黄帝威望大振，于是代神农氏而有天下。神农氏不事征伐，这与《庄子·盗跖》中说神农氏“无有相害之心”、《商君书·画策》中说神农“刑政不用而治，甲兵不起而王”相符合。

早期部落的融合

上古时期，“华”和“夏”是两个氏族的名字。传说华胥氏是华夏的远祖，她分别繁衍下了女娲、伏羲，后来女娲、伏羲繁衍了少典，而炎黄二帝又是少典的后裔。据《史记·五帝本纪》中的传说，五帝中的首位是黄帝，后来的人称黄帝为华夏族的始祖。禹是夏后氏部落的领袖，本姓姒，又称夏禹、大禹。大禹治水有功，继位于舜当了中原各部落之共主。

炎黄部落的融合

炎帝、黄帝是起源于陕西省中部渭河流域的两个血缘关系相近的部落首领。两个部落渐渐融合成华夏族，华夏族在汉朝以后称为汉族。炎帝和黄帝也是中国文化、技术的始祖，传说他们以及他们的部属、后代创造了上古几乎所有重要的发明。

涿鹿之战

涿鹿之战，指的是距今约4600年前，黄帝部族联合炎帝部族，与东夷集团中的蚩尤部族在今河北省涿鹿县一带所进行的一场大战。“战争”的目的，是双方为了争夺适于放牧和浅耕的中原地带。这也是我国历史上有记载的最早的“战争”，对于古代华夏族由野蛮时代向文明时代的转变产生了重大的影响。

原始社会中晚期，逐渐形成了华夏、东夷、苗蛮三大集团。其中华夏集团以黄帝、炎帝两大部族为核心。它们分别兴起于今关中平原、山西西南部和河南西部。经融合后，遂沿着黄河南北岸向今华北大平原西部地带发展。与此同时，兴起于黄河下游的今冀、鲁、豫、苏皖交界地区的九夷部落，也在其部落首领蚩尤的领导下，以今山东为根据地，由东向西方向发展，进入华北大平原。这样华夏集团与东夷集团之间的武装冲突也就不可避免了。涿鹿之战正是在这种历史背景下爆发的。据说蚩尤族善于制作兵器，其铜制兵器精良坚利，且部众勇猛剽悍，生性善战，擅长角牴。蚩尤族联合巨人夸父部族和三苗一部，用武力击败了炎帝族，并进而占据了炎帝族居住的“九隅”，即“九州”。炎帝族为了维持生存，遂向同集团的黄帝族求援。黄帝族为了维护华夏集团的整体利益，就答应炎帝族的请求，将势力推向东方。这样，与正乘势向西北推进的蚩尤族在涿鹿地区相遭遇了。当时蚩尤族集结了下属的81个支族，在力量上占据优势，所以，双方接触后，蚩尤族便依仗人多势众、武器优良等条件，主动向黄帝族发起攻击。黄帝族则率领以熊、罴、狼、豹、雕、龙、鸮等为图腾的氏族，迎战蚩尤族，并让“应龙高水”，即利用位处上游的条件，在河流上筑土坝蓄水（以蓄水冲了蚩尤寨），以阻挡蚩尤族的进攻。

↓蚩尤像

“战争”爆发后，适逢浓雾和大风暴雨天气，这很适合来自东方多雨环境的蚩尤族展开军事行动。所以在初战阶段，黄帝族处境并不乐观，曾经屡战屡败。然而，不多久，雨季过去，天气放晴，就给黄帝族转败为胜提供了重要契机。黄帝族把握战机，在玄女族的支援下，乘势向蚩尤族发动反击。黄帝族利用特殊有利的天候——狂风大作，尘沙漫天，吹号角，击鼙鼓，乘蚩尤族部众迷乱之际，以指南车指示方向，驱众向蚩尤族进攻，一举击败敌人，并在冀州之野（即冀州，今河北地区）擒杀其首领蚩尤。涿鹿之战就这样以黄帝族的胜利宣告结束。战后，黄帝族乘胜东进，一直进抵泰山附近，在那里举行“封泰山”仪式。同时在东夷集团中选择一位能服众的氏族首领名叫少皞清的人继续统领九夷部众，并强迫东夷集团同华夏集团结为同盟后方才凯旋西归。

↑涿鹿之战

涿鹿之战的结果，有力地奠定了华夏集团据有广大中原地区的基础，推动了各氏族部落的进一步融合。取得这场战争胜利的部族首领黄帝从此成为中华民族的共同祖先，并被逐步神化。涿鹿之战成为中华民族在发轫时期决定日后民族基本面貌的历史性“战争”。

陶器的产生

陶器的发明，是人类文明发展的重要标志，是人类第一次利用天然物，按照自己的意志，创造出来的一种崭新的东西。人们把黏土加水混合后，捏制成各种器物，干燥后经火焙烧，产生质的变化，形成陶器。陶器的产生揭开了人类利用自然、改造自然的新篇章，具有重大的划时代意义。陶器的出现，标志着新石器时代的到来。陶器的发明，也大大改善了人类的生活条件，是人类发展史上的重要节点。

陶器发展之路

中国陶瓷的发展史是中华文明史的一个重要的组成部分，反映了中国历史上各朝各代的不同艺术风格和不同技术特点。英文中的“china”既有中国的意思，又有陶瓷的意思，也清楚地表明了中国就是“陶瓷的故乡”。

↓古代陶器

考古发现中国人早在新石器时代（约公元前 8000—前 2000 年）就发明了陶器。原始社会晚期出现的农业生产，使早期的人们过上了比较固定的生活，客观上对陶器有了需求。人们

为了提高生活的质量，逐渐用黏土烧制出了陶器。陶器工艺品是中国最古老的工艺美术品。远在新石器时代就有风格粗犷、朴实的灰陶、红陶、白陶、彩陶和黑陶等。商代已出现釉陶和初具瓷器性质的硬釉陶，制陶技术的不断成熟为瓷器的创制打下了坚实的基础。

陶器的出现是中国新石器时代的主要特征之一，它加强了早期人类定居的稳定性，丰富了人们的日常生活。中国已发现距今约一万年新石器时代早期的残陶片。河北徐水县南庄头遗址发现的陶器碎片经鉴定为距今 10800—9700 年的遗物。此外，在江西万年县、广西桂林甑皮岩、广东英德市青塘等地也发现了距今一万年到七千年的陶器碎片。因 1973 年在河北武安磁山首次发现而得名的“磁山文化”，据放射性碳素测定，距今 7900 年以上。1977 年考古人员在河南新郑裴李岗发现了与“磁山文化”时代相当、内容近似的文化遗存，因此合称为“磁山·裴李岗文化”。

↑古代陶器

↑古代陶器

“磁山·裴李岗文化”早于“仰韶文化”，是黄河中游地区新石器时代的代表。该文化的陶器主要有鼎、罐、盘、豆、三足壶、三足钵、双耳壶等，器物以素面无纹者居多，部分夹砂陶器饰有花纹。1973 年首次发掘于浙江余姚河姆渡的“河姆渡文化”距今 7000 年左右，在该文化遗址也出土了大量的陶器。“河姆渡文化”的陶器为黑陶，造型简单，早期盛行刻画花纹。在河南渑池县仰韶村的“仰韶文化”遗址，陕西西安市郊的半坡遗址都发现了大量做工精美，设计精巧的彩陶，这两个新石器时代遗址都属于母系社会遗址，有6000年以上的历史。随着社会的不断进步，陶器的质量也逐步提高。到了商代和周代，已经出现了专门从事陶器生产的工种。在战国时期，陶器上已经出现了各种优雅的纹饰和花鸟。这时的陶器也开始应用铅釉，使得陶器的表面更为光滑，也有

↑古代陶器

了一定的色泽。到了西汉时期，上釉陶器工艺开始广泛流传。多种色彩的釉料也在汉代开始出现。有一种盛行于唐代的陶器，以黄、褐、绿为基本釉色，后来人们习惯地把这类陶器称为“唐三彩”。唐三彩是一种低温釉陶器，在色釉中加入不同的金属氧化物，经过焙烧，形成浅黄、赭黄、浅绿、深绿、天蓝、褐红、茄紫等多种色彩，但多以黄、褐、绿三色为主。唐三彩的出现标志着陶器的种类和色彩开始更加丰富多彩。

早期彩陶的类型

“仰韶文化”半坡类型彩陶

半坡类型彩陶于1953年首次发现于陕西西安市半坡村，因而得名。主要分布于甘肃东部和陕西关中地区。陶器以卷唇盆和圆底的盆、钵及小口细颈大腹壶、直口鼓腹尖底瓶为典型器物，造型比较单纯。据放射性碳素判断其年代约为公元前4800—前4300年。其纹饰主要有：①动物纹，以鱼、蛙、鹿及鸟为装饰对象，如人面鱼纹、鱼纹、鱼鸟结合纹等，生动精彩，变化多端，具有鲜明的时代特色。②几何纹，多以抽象化的动物纹、植物纹、编织纹演变而来，有宽带纹、三角纹、曲折纹、斜线纹等。③编织纹，有线纹、篮纹、绳纹等。另外，在彩陶钵口边沿的黑色宽带纹上，饰有各种符

↑人面鱼纹彩陶盆

号，可能代表着某种特殊的意义或某种特定的记号。

“仰韶文化”庙底沟类型彩陶

“仰韶文化”庙底沟类型彩陶，因1953年发现于河南陕县庙底沟而得名。其分布区域为甘肃、青海、陕西、山西、河南等省。器形仍以盆、钵、瓶为主，另外还出现了瓮、罐等，造型多平底，大口、曲壁，形体多呈倒三角形，给人以挺秀、饱满、轻盈而又稳定的感觉。据放射性碳素判断其年代为公元前3900年前后。其纹饰有：①植物纹，多呈旋花纹、叶状纹；②动物纹，较少见，有蛙、鸟等形象；③编织纹，有线纹、篮纹、绳纹；④几何纹，主要由圆点、钩叶、弧线三角和曲线等组成的带状花纹。

“马家窑文化”类型彩陶

“马家窑文化”类型彩陶，于1924年发现于甘肃临洮县马家窑村，因而得名，其范围可达青海、宁夏、四川等省区。器形仍以盆、钵、罐、壶为主，尖底器已基本消失。据放射性碳素判断其年代为公元前3300—前2900年。其纹饰有：①人物纹，如1973年在青海大通县上孙家寨出土的舞蹈纹彩陶盆，绘有15人分3组手拉手跳舞的形象；②动物纹，有蝌蚪纹、蛙形纹；最具有时代特征的为旋涡纹和波浪纹，纹饰旋转、起伏，给人以强烈的运动感。

↑叶纹壶

“马家窑文化”半山类型彩陶，因1924年发现于甘肃和政县（今宁夏回族自治区）半山地区而得名，分布于甘肃及青海东北部。器形有短颈广肩鼓腹罐、单把壶、敛口钵、敞口平底小碗等，据放射性碳素判断其年代为公元前2650—前2350年。纹饰有锯齿纹、网纹及鱼、贝、人、蛙等形的纹样，尤以锯齿螺旋纹、波浪纹、锯齿

↑螺旋纹彩陶盆（甘肃永靖出土）

纹最为典型。另外，有的器物盖纽还被塑成人首形，形象较生动。

“马家窑文化”马厂类型彩陶，因1924年秋发现于青海民和县马厂塬而得名。主要分布于青海、甘肃等省。器形基本沿袭半山类型彩陶的造型，较之半山类型彩陶显得高耸、秀美。出现了单耳筒形杯，耳、纽的造型富有变化。据放射性碳素判断其年代为公元前2350—前2050年。纹饰有同心圆纹、菱形纹、人形蛙纹、平行线纹、回纹、勾连纹等。

另外，“大汶口文化”、“大溪文化”、“屈家岭文化”、“齐家文化”等遗址中也出土有彩陶。但其数量、规模和艺术水平与上述文化类型相比有一定的差距。

大禹治水

我国到处都有关于大禹的遗迹和传说。安徽怀远县境内有禹墟和禹王宫；陕西韩城市有禹门；山西河津县城有禹门口；山西夏县中条山麓有禹王城址；河南开封市郊有禹王台；河南禹县城内有禹王锁蛟井；山东禹城境内有禹王亭；湖北武汉龟山东端有禹功矶；湖南长沙岳麓山巅有禹王碑；甚至远在西南的四川南江县还建有禹王宫；而河南洛阳更有大禹开凿龙门的传说。大禹是我国最受人们崇敬的伟人之一。

大禹治水的故事

大约在4000多年前，我国的黄河流域洪水为患。

尧在位的时候，黄河流域又发生

←大禹

了很大的水灾，庄稼被淹，房子被毁，老百姓只好往高处搬。尧召开部落联盟会议，商量治水的问题。首领们都推荐鲧负责治水。鲧花了九年时间，采取“水来土挡”的策略治水，没有把洪水制服。鲧临死前嘱咐儿子禹：“一定要把水治好。”

→大禹治水浮雕

禹，又名文命，字高密。相传禹生于羌（今甘肃、青海一带），后随父迁徙于崇（今河南登封附近），尧时被封为夏伯，故又称“夏禹”或“伯”。

禹接受任务后，首先就带着尺、绳等测量工具到与黄河相关联的主要山脉、河流作了一番周密的考察。他发现龙门山口过于狭窄，难以通过汛期洪水；他还发现黄河河沙淤积，流水不畅。于是他疏通河道，拓宽峡口，让洪水能更快地通过。禹采用了“治水须顺水性，水性就下，导之入海。高处就凿通，低处就疏导”的治水思想。根据轻重缓急，定了一个治水的顺序，先从最需要最紧急的地区开始，再扩展到其他各地。

那时禹新婚仅四天，来不及照顾妻子，就开始为了治水到处奔波，三次经过自己的家门，都没有进去。经过13年的努力，禹耗尽心血与体力，挖通了九条河，终于把洪水引到大海，完成了一件名垂青史的大业。

后人的考证

禹会也称“禹墟”，位于安徽蚌埠市西郊涂山南麓的淮河东岸，根据中国社会科学院考古研究所实地考察确定其是淮河流域目前发现最大的一处“龙山文化”遗址，总面积为50万平

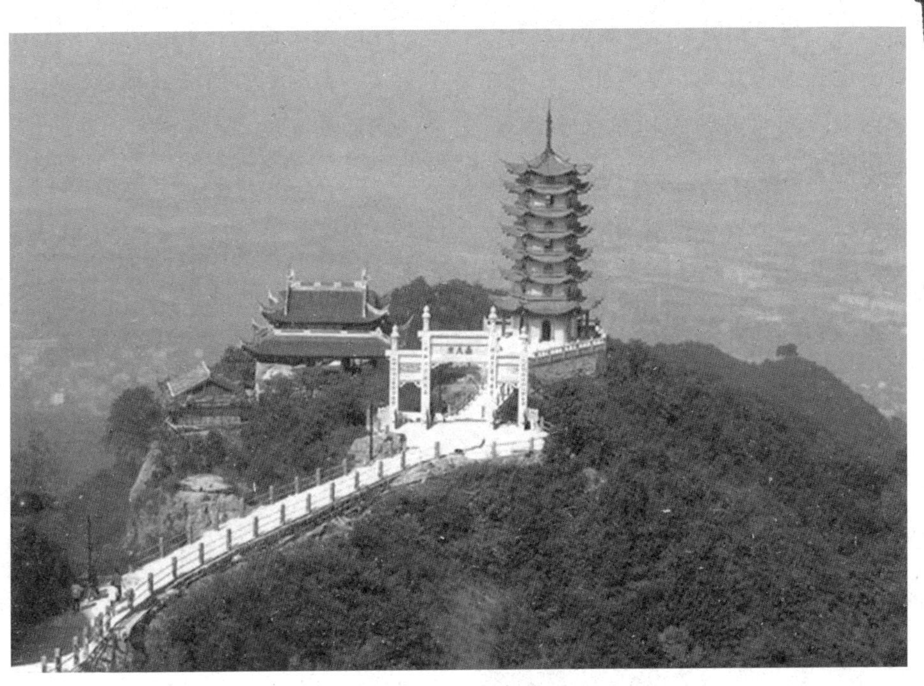

↑大禹陵碑亭

方米。大禹生活的年代正是“龙山文化”的繁盛时期。涂山既有大会诸侯遗址，又有禹王宫、启母石（亦即望夫石）、台桑（生启之地）、防风冢、禹墟等多处遗迹，山上禹王宫有数千年历史，历代文人、名宦如狄仁杰、柳宗元、苏轼、苏辙、宋濂、邓石如等，均来此游览凭吊并留下大量诗文铭刻。

据考证，当时大禹治水的地区，大约在现在的河北东部、河南东部、山东西部和南部，以及淮河北部。据推测，当时可能是大禹带领众人来到了河南洛阳南郊。这里有座高山，属秦岭山脉的余脉，一直延续到中岳嵩山，峰峦奇特，巍峨雄姿，犹如一座东西走向的天然屏障。高山中段有一个天然的缺口被称为“龙门山口”，涓涓的细流就由隙缝轻轻流过。但是，特大洪水暴发时，河水就被大山挡住了去路，在缺口处形成了旋涡，奔腾的河水危害着周围百姓的安全。大禹决定集中治水的人力，在群山中开道。在他的带动下，治水进展很快，大山终于豁然开屏，形成两壁对峙之势，洪水由此一泻千里，向下游流去，江河从此畅通。

大禹因治水有功，被大家推举为舜的助手。舜死后，他继任部落联盟首领。后来，大禹的儿子启创建了我国第一个奴隶制国家——夏朝，因此，后人也称他为夏禹。夏禹死后就葬在茅山，后人因禹曾在这里大会诸侯，所以把茅山改名为“会稽山”。而今的禹陵背负会稽山，面对亭山，前临禹池。1979 年重建的大禹陵碑亭，飞檐翘角，矗立于甬道尽头，内立“大禹陵”巨碑一块，亭周古槐蟠郁，松竹交翠，幽静清雅，亭南有禹穴辨亭和禹穴亭，是前人考辨禹的墓穴所在之处。

↑宋人题诗

大禹为民造福，永远受到华夏子孙称颂；大禹刻苦耐劳的精神，永远为炎黄后裔怀念。

柳宗元

柳宗元（公元 773—819 年），字子厚，祖籍河东郡（今山西永济）人，唐代著名文学家、思想家，唐宋八大家之一。著名作品有《永州八记》等六百多篇文章，经后人辑为四十五卷，名为《柳宗元集》。柳宗元与韩愈同为中唐古文运动的领导人物，并称“韩柳”。在中国文化史上，其诗、文成就均极为杰出。

青铜冶铸技术的发展

现在已知中国最早的青铜器，是甘肃东乡“马家窑文化”遗址出土的铜刀，铸造年代距今约5000年。经检验，是用锡青铜铸成的。考古发掘表明，早在新石器时代晚期和夏代初期，人们已能用石范和陶范铸造简陋的工具和武器。商代早期的铜爵，所用铸型由多块陶范和泥芯组成，有的壁厚仅2毫米，铸造技术已达到一定水平。商代中期已使用锡青铜和铅青铜两种合金，能铸造重80千克的大鼎。具有中国特色的组合陶范铸造工艺在此期间大体已经形成。

青铜器的发明是人类文明史上的重大事件，由于青铜器克服了纯铜的柔软弱点，且具有熔点低、铸造性能好等优点，青铜器逐渐成为古代铜器中的主要品种，并促进了车、船、雕刻、金属加工等制造技术和农业、军事及经济社会的发展。青铜器的应用，代表了当时的科技水平和文化艺术水平，成为这一时代的鲜明标志。

青铜文明的产生

随着生产力的发展，原始社会后期出现了金属器物，这种金属器物最先是铜制品。冶铜术的发明、铜器的制造是与人们一定的生产活动、生产能力和物质安全技术基础紧密联系在一起的。原始社会后期的历史条件为冶铜术的发明提供了以下物质基础：首先，农业、手工业的分工，使金属制造业成为独立的手工业，这推动了青铜器文明的发展步伐。其次，人们在制造石制农具、工具和武器过程中逐渐发现并认识了自然铜及铜锡混合的矿石，并把长期烧制铜器的经验应用在冶铜上。烧制铜器的温度一般在950℃～1050℃，这与铜的熔点已相当接近。为冶炼铜矿石提供了重要的燃

↑商代青铜鼎

中国冶铜技术发明的准确时间，目前还有待考证。1956年在西安半坡、1973年在临潼姜寨这两个仰韶文化遗址里，各发现一个铜片，两个遗址依碳14测定分别距今6000多年和5000多年。1977年在甘肃东乡林家马家窑遗址和1975年在甘肃永登连城蒋家坪马厂遗址里各出土了一件铜刀，前者的年代为公元前3000年，后者的年代为公元前2300—公元前2000年，两者都是锡青铜，是我国目前发现的最早的青铜制品。二十世纪五十年代以来，黄河上游“齐家文化”的遗址和墓葬，常常出土有以工具和装饰为主的红铜和青铜制品。“齐家文化”晚于“马家窑文化”，它处在铜石并用的时代末期，其年代约在公元前2000年后，晚于甘肃“仰韶文化”。

烧条件。最后，原始社会后期，人们能制作多种工具、武器与生活用品，并能娴熟地掌握磨光和钻孔等技术，造型准确，为铜器的制作奠定了坚实的技术基础。

拓展阅读

马家窑文化

马家窑文化，1923年首先发现于甘肃省临洮县的马家窑村，故名。马家窑文化是仰韶文化向西发展的一种地方类型，出现于距今5700多年的新石器时代晚期，历经了3000多年的发展，有石岭下、马家窑、半山、马厂等四个类型。主要分布于黄河上游地区及甘肃、青海境内的洮河、大夏河及湟水流域一带。

冶铜技术的提高

古代青铜器，主要指先秦时期，用铜或铜锡合金制造的各类用品。其中包括有工具（斧、锛等）、兵器（矛、戈等）、炊器（鬲、鼎、甑等）、食器（簋、敦、簠等）、酒器（樽、卣、爵等）、水器（匜、鉴、盘等）、乐器（钟、镈、铎等）、礼器（也称彝器。为古代贵族进行祭祀、丧葬、婚礼等活动时，举行礼仪所使用的器皿，如青铜器中的鼎、簋、豆、钟等）以及车马饰、铜镜、带钩、度量衡器（量斛等）等。

↑青铜鼎

↓各种青铜器

根据考古发现与文献记载，中国古代青铜器制造主要分为采冶与铸造两个大的工艺过程。采冶，即首先通过铜矿石冶炼成纯铜，通过锡矿石冶炼成锡，然后根据不同的冶炼需求把铜和锡按不同的比例冶炼成铜锭。我国广袤的土地上蕴藏着丰富的铜矿，其作为冶铜的重要原料，很早就被记录在中国古代文献中。据战国时的《管子·地数篇》记载："出铜之山，四百六十七山，……上有慈石者，下有铅锡赤铜。"又据战国时期的《周礼·地官》中提到当时还设有管理矿山的矿人。新中国建立以后，在湖北大冶铜绿山，湖南麻阳九曲湾，内蒙古赤峰市林西，江西瑞昌铜岭，安徽南陵、铜陵等地发现了古代采冶铜矿遗址。在铜矿开采遗址附近一般都发现有冶炼遗址，这说明当时铜矿冶炼环节是就近进行的。

所谓"合金"，就是用两种或两种

以上的金属，经过高温使它们熔合在一起而成为另一种金属，并具备了新的物理性质和化学性能。合金在铸造方面是属于再创造，而青铜就是合金的首创。青铜在一般意义上都是铜与锡的合金，又称为“锡青铜”。但中国古代许多锡青铜中常常含有少量的铅，这是商、周青铜冶铸的一个特点，即降低青铜的熔点。当然，加铅的目的不单单在于降低熔点，更重要的还在于对合金硬度的需求。中国古代青铜器合金成分的比例，最早见于《考工记》，书中对先秦时代的劳动人民生产实践和经验知识有着独一无二的详细记录，是一本生产技术的“档案”。《考工记》中记载六种青铜器物中不同含锡量，称之为“六齐”，这六种不同合金的比例是：“钟鼎之齐六分其金而锡居一；斧斤之齐五分其金而锡居一；戈戟之齐四分其金而锡居一；大刃之齐三分其金而锡居一；削杀矢之齐五分其金而锡居二；鉴燧之齐金锡半。”这里记载的金指的就是纯铜。“六齐”中金和锡的化合，就是锡青铜，同时标明了六类铜器的铜和锡熔合比例。由于古代工匠们对熔融之中的青铜合金不能取样化验，因此铜、锡之比是指熔铸之前、下料时的比例，而不是铸成后的成分比例。在熔铸的过程中，铜、锡都会发生一定的氧化反应，而锡氧化的速度尤其快。因此，冷却后青铜的成分比例就很难与下料时相同了。但从这里可以看出，当时已能够根据所铸器具的需要来调配铜与锡比例。

青铜合金配比技术逐步变得复杂，反映了青铜器铸造技术的不断发展与完善，体现了人们对金属硬度及韧度的双重追求。商周时期，青铜器的合金配比已经很有讲究，其早期和晚期青铜器的合金变化差别较大。商代早期的容器主要为锡青铜，这类青铜器含锡量较夏代有所增加，但含量仍属中等；商代后期的容器以含锡量中等偏高、高含量者居多。另外，从这个时期少量的铅铜器来看，其含铅量大多较高。

↑青铜盆

商代后期锡青铜主要用于制造武器。到这个时期的各类生产工具，已经很少再用锡青铜制造了，少数存在的生产工具含锡量也较高。西周时期锡青铜的含锡量以中等者最为普遍，铅青铜则比较少见，极少数铅青铜器

的含铅量也较高。此外，在这个时期的青铜容器中，锡青铜类已占有一定的比例。

↑双耳青铜壶

在青铜时代，由于人们掌握冶炼技术的金属只有铜、锡、铅、金、银等有限的数种，在配制合金时没有新的金属可超出青铜所特有的优越性能，因此人们只能不断寻求不同的铜锡配制比例来铸造各种青铜器。

冶铜术的发明，铜器的制作和使用，不仅标志着社会生产力发展到一个新的阶段，也表明了随着生产力的发展，最终引起了生产关系的巨大变革，历史迈入一个新的时期。

度量衡的统一

度量衡的发展大约始于父系氏族社会末期。传说黄帝“设五量”“少昊同度量，调律吕”。度量衡单位最初都与人体相关：“布手知尺，布指知寸”“一手之盛谓之溢，两手谓之掬”。《史记·夏本纪》中记载禹“身为度，称以出”，则表明当时已经以名人身体比例为标准进行单位的统一，出现了最早的法定单位。商代遗址出土有骨尺、牙尺，长度约合 16 厘米，尺上的分寸划分采用十进位，它和青铜器一样，反映了当时的生产和技术水平。春秋战国时期，群雄并立，各国度量衡标准不一。秦始皇统一全国后，推行“一法度衡石丈尺，车同轨，书同文字”，颁发统一度量衡诏书，制定了一套严格的管理制度，商代牙尺为中国 2000 多年封建社会的度量衡制奠定了基础。

↑晋中度量衡博物馆

长度单位

上古时都是以人身体的某个部分或某种动作为长度命名依据的，例如寸、咫、尺、丈、寻、常、仞等。在

这些名称中，尺是长度的基本单位。古代一尺的长度与一手的长相近，容易识别，所以古时就有“布手知尺”“尺者识也”等说法。此外，仞是量深度的实用单位，并且单独构成一个系统。仞与尺的比例关系，一向没有明确的定数，说一仞为四尺、五尺六寸、七尺、八尺的都有，一般认为是八尺。周代以前的长度单位的名称，经过《汉书·律历志》的整理，保留了寸、尺、丈三个，并在寸位以下加一“分”位，丈位以上加一“引”位，都是十进，这就是所谓“五度”。长度的小单位，一般都是算数学者使用的。所谓“度长短者，不失毫厘”，只是表示测量时具有微小数的精度的意思。《孙子算经》卷上有“蚕所吐丝为忽，十忽为一秒，十秒为一毫，十毫为一厘，十厘为一分”的说法。这些十退位的分、厘、毫、秒、忽成为算术上专用的小数名称和长度小单位名称。到了宋代，把秒改为“丝”。清末时把长度小单位定到“毫”位为止。

容积单位

量器是封建社会计量农产品多少的主要器具，因此容量的计量产生最早，它的单位名称也最复杂。在《左传》《周礼》《仪礼》《尔雅》等经典著作中都有关于容量单位的记载，其专用名称有升、斗、斛、豆、区、釜、钟，以及溢、掬等。同长度一样，周代以前容量单位也是用人的身体计量，以一手所能盛的叫作“溢”，两手合盛的叫作“掬”，掬是最初的基本的容量单位。《小尔雅·广量》说“掬四谓之豆”，《左传·昭公三年》说“四升为豆”，这两种说法是相通的，就是说

↑古代的量器

“掬”也就是“升”。升的本义是“登”“进”的意思，两手所盛是基本的容量数，然后从这个数登进，按四进有豆、区、釜，按十进有斗、斛。所以升（即掬）是容量的基本单位。后来《汉书·律历志》对容量单位作了系统的整理，命名为龠、合、升、斗、斛五量，一合等于二龠，合以上都是十进（宋以后一斛为五斗）。升是容量的基本单位，斗和斛则为实用单位。至于《说苑·辨物》云“十龠为一合”，说法有所不同，可资参考。附带提一下“石”，“石”本来是重量单

位，为一百二十斤，但自秦汉开始，石也作为容量单位，与斛相等。关于容量的小单位，《孙子算经》卷上说："六粟为一圭，十圭为抄，十抄为撮，十撮为勺，十勺为合。"这样，六粟为一圭（也有十粟为一圭的说法），其余圭、抄、撮、勺以及合、升、斗、斛八个单位，都是十进。这种计算方法，自汉代以后一直都在采用。

知识小链接

《左传》

《左传》原名为《左氏春秋》，汉代改称《春秋左氏传》，简称《左传》。相传是春秋末年左丘明为解释孔子的《春秋》而作。《左传》实质上是一部独立撰写的史书。它起自鲁隐公元年（前 722 年），迄于鲁悼公十四年（前 453 年），通过记述春秋时期的具体史实来说明《春秋》的纲目，是儒家重要经典之一。

重量单位

很早以来，铢、两、斤、钧、石五者都用作重量的单位。但古时对重量单位的说法复杂不一。例如《孙子算经》卷上："称之所起，起于黍，十黍为一絫（"累"的古字），十絫为一铢，二十四铢为一两。"《说苑·辨物》："十粟重一圭，十圭重一铢。"《说文·金部》："锱，六铢也。"《淮南子·铨言》高诱注："六两曰锱。"《玉篇·金部》："镒，二十两。"《集韵·质韵》："二十四两为镒。""黍""粟""絫""圭"等，都是借用粟黍和圭璧的名称，实际上早已不用。"锱""镒"及"锾""釿"等都是借用钱币的名称，也早就不用。所以各家说法各不同。

自《汉书·律历志》把铢、两、斤、钧、石这五个单位命名为五权之后，

↓古代称重之器

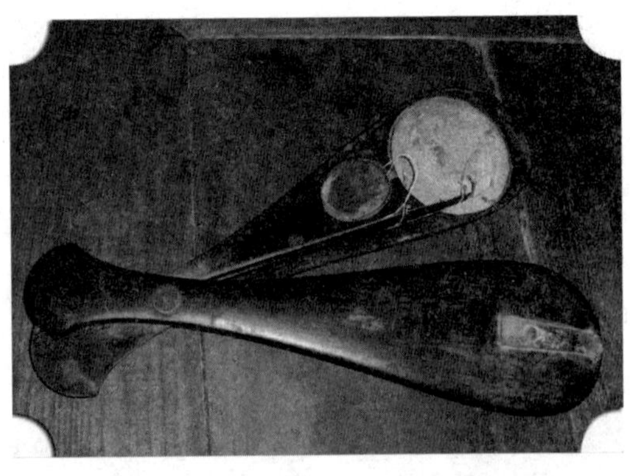

←古代称重

名称就比较一致起来，直至唐代都没有改变。其进位方法颇值一提：二十四铢为两，十六两为斤，三十斤为钧，四钧为石。关于使用两以下的钱、分、厘、毫、丝、忽等小单位，南朝梁陶弘景《名医别录》曾说：“分剂之名，古与今异，古无分之名，今则以十黍为一铢，六铢为一分，四分成一两。”唐苏敬注云：“六铢为一分，即二钱半也。”可见自唐代起已把本作为货币的“钱”当作重量单位，并且“积十钱为一两”。分、厘、毫、丝、忽等，原是小数名称，后从长度借用为重量单位名称，宋代开始定分为钱的最小单位。宋代权衡的改制废弃了铢、絫、黍等名称，其重量单位名称自大到小依次为石、钧、斤、两、钱、分、厘、毫、丝、忽，其进位方法已如前述。宋制衡量一直沿用至元明清，很少改易。但宋元明清之医方，凡言“分”者，是分厘之“分”，而晋唐时一分则为两钱半，二者不同。

铁器的使用

战国中期以后，铁器遍及当时的七国地区，应用到社会生产和生活的各个方面，楚、燕等国的军队，装备基本上也以铁制武器为主。战国时期的铁器还经由朝鲜传入日本。西汉时期，应用铁器的地域更为辽阔，器类、数量显著增加，质量也有提高。到了东汉时期，铁器最终取代了青铜器。

春秋末期到战国初期，是战国冶铁史上的一个重要发展阶段。此时早期的块炼铁已提高到块炼渗碳钢，白口生铁已发展为展性铸铁。至迟到西汉中叶，灰口铁、铸铁脱碳钢兴起，随后又出现生铁炒钢（包括熟铁）的新工艺。东汉时期，炒钢、百炼钢继续发展，到南北朝时杂炼生鍒的灌钢工艺问世。至此，具有中国特色的古代冶炼技术体系已基本建立。

铁器的出现

虽然商代铁刃铜钺的发现，表明金属铁早在3000多年前即已被中国人认识，但是中国人开始冶铁和使用铁器的确切时间仍是在春秋时期。最早的人工冶炼的铁器——铜柄铁剑，出土于甘肃灵台的一座春秋早期墓中。1976年，湖南省长沙杨家山65号墓（相当于春秋晚期）中甚至还出土了一把锻制的中碳钢剑，长38.4厘米。经鉴定，它含碳量达0.5%，并经过高温退火处理，金相组织比较均匀。战国中期以后，铁工具在农业和手工业中逐渐替代传统的铜工具而取得支配地位，在社会生产和生活中发挥着越来越大的作用。炼铁技术不断提高，铁器遍布七国，并传播到北方的匈奴和南方的百越。

春秋战国时期铁器的类型有农具、手工具、兵器及杂器，而以农具和手工具为大宗。与铭刻文字有关的手工具有锛、凿、锥、锤、刮刀、削、钩、针、锯、斧。《管子·海王篇》称：工匠必有斧、锛、凿、锯、锤。这是当时手工艺的真实写照。正如《论语·卫灵公》所言："工欲善其事，必先利其器。"铁工具远比铜工具锋利，它在铭刻文字中的应用，如同毛笔在书写文字中的应用一样，必然引发一场技术革命和艺术革命，这在石刻文字和古玺文字上表现得尤其突出。

铁器的冶炼

齐国是最早发明冶铁术的国家和地区。《国语·齐语》载："美金（指青铜）以铸剑戟，试诸狗马；恶金以铸鉏夷斤斸，试诸壤土。"据研究，我国的冶铁术发明于春秋晚期，战国时期已普遍使用；冶铁术发明后，对生产力的提高起着极为重要的作用。据《管子》载，早在春秋管桓时期，齐国"断山木，鼓山铁"就成为重要的手工业部门，故而齐国发明冶铁术当在春秋中叶。齐地铁矿资源丰富，《管子·地数篇》记载：齐地"出铁之山三千六百九山"；齐故城勘探发现六处冶铁遗址，其中两处面积达 40 万平方米。汉代全国设铁官 49 处，山东就设 12 处，多在齐地。正因齐国较早地发明了冶铁术，铁工具被广泛用于农作，才有可能使齐地多盐荒芜之地变成膏腴之田。铁器的出现是人类社会划时代的进步。世界上最早进行人工炼铁的是居住在小亚细亚的赫梯人，年代在公元前 1400 年左右。公元前 1300—前 1100 年，冶铁术传入两河流域和古埃及，欧洲的部分地区于公元前 1000 年左右也进入铁器时代。但当时冶炼的都是块炼铁，一直到中世纪末（公元 1400 年左右）欧洲发明水力鼓风炉以后，才出现冶炼生铁。冶金业在中国的出现虽然晚于西亚和欧洲，但它的发展却比较迅猛，并在以后的相当长的一段时间，走在世界冶金技术的前列。

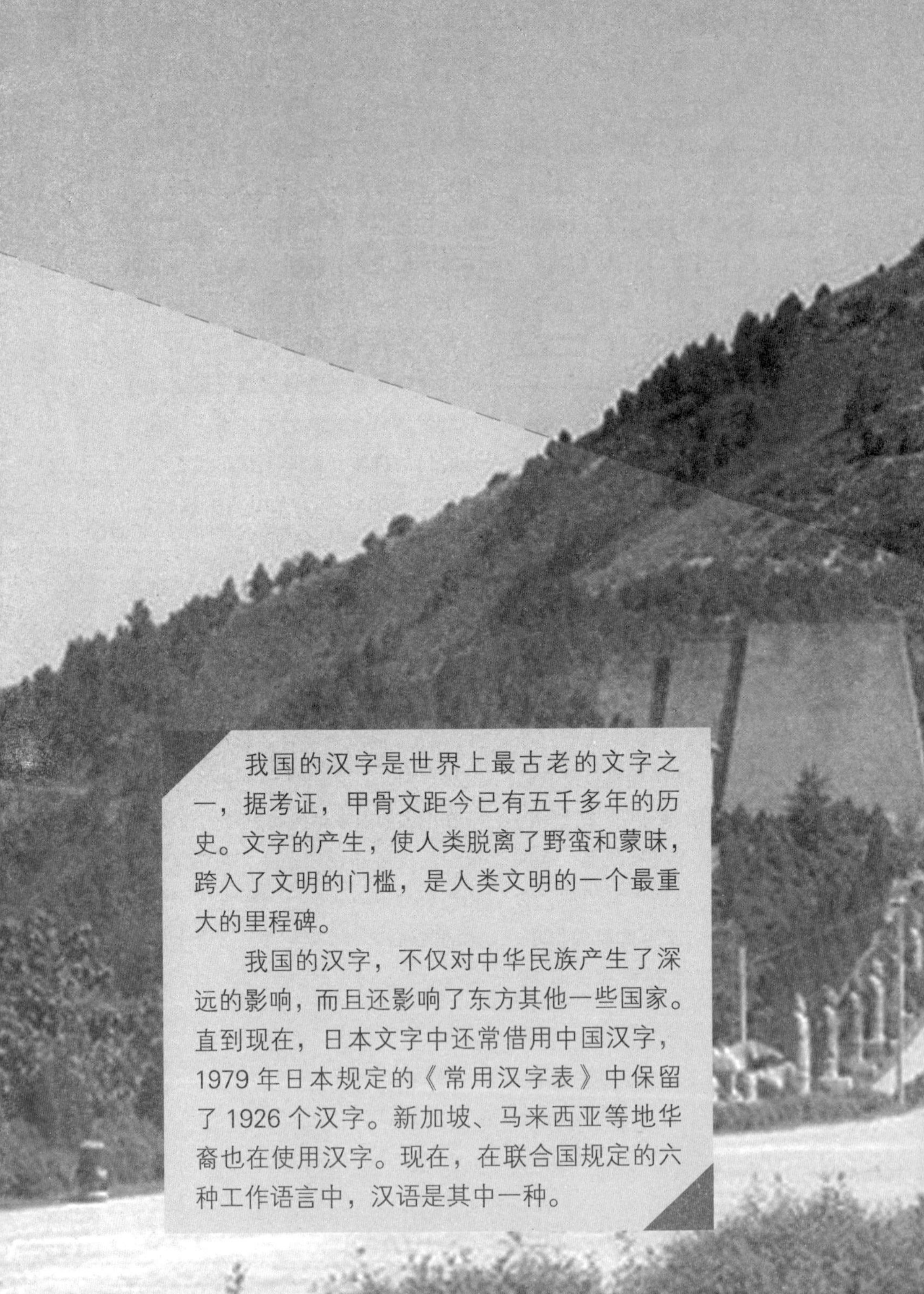

我国的汉字是世界上最古老的文字之一，据考证，甲骨文距今已有五千多年的历史。文字的产生，使人类脱离了野蛮和蒙昧，跨入了文明的门槛，是人类文明的一个最重大的里程碑。

我国的汉字，不仅对中华民族产生了深远的影响，而且还影响了东方其他一些国家。直到现在，日本文字中还常借用中国汉字，1979 年日本规定的《常用汉字表》中保留了 1926 个汉字。新加坡、马来西亚等地华裔也在使用汉字。现在，在联合国规定的六种工作语言中，汉语是其中一种。

第三章

延续五千年的汉字

仓颉造字的传说

我们知道最早的汉字是甲骨文，但这些文字是怎么形成的，有很多传说，其中最广为流传的就是“仓颉造字”。相传仓颉是黄帝的史官，汉字的发明者，也是道教中文字之神。如《淮南子·本经》中记载：“昔者仓颉作书，而天雨粟，鬼夜哭。”《韩非子·五蠹》中记载：“昔者仓颉之作书也，自环者谓之私，背私谓之公。”《说文解字序》中记载：“仓颉之初作书，盖依类象形，故谓之文；其后形声相益，即谓之字。”还有传说提到仓颉是因为观察了鸟兽踩在泥土上的脚印，启发了他发明文字的灵感。

纬书《春秋元命苞》中，进一步记载仓颉“龙颜侈侈，四目灵光，实有睿德，生而能书。于是穷天地之变，仰观奎星圆曲之势，俯察龟文鸟羽山川，指掌而创文字，天为雨粟，鬼为夜哭，

↓仓颉造字

↑仓颉造字台

龙乃潜藏。”张彦远的《历代名画记·叙画之源流》中解释说：“颉有四目，仰观天象。因俪乌龟之迹，遂定书字之形。造化不能藏其秘，故天雨粟；灵怪不能遁其形，故鬼夜哭。是时也，书画同体而未分，象制肇创而犹略。无以传其意故有书，无以见其形故有画，天地圣人之意也。”徐坚《初学记·卷二十一》记载：“易曰‘上古结绳以治，后世圣人易之以书契’”，又“仓颉造文字，然后书契始作，则其始也”。

仓颉造完字，并得到推广后，得到了皇帝的赞赏与器重。

仓颉每造一个字，总要将字义反复推敲，还拿去征求人们的意见，大家都说好，才定下来，然后再传到每个部落去。

当然这只是传说而已，汉字的发明不是一人之力能够做到的，而是数千年来先人长期累积发展的结果。《荀子·解蔽》称：“好书者众矣，而仓颉独传者壹也”。不过既流传下仓颉造字的传说，应说明仓颉是在汉字发展中做出了特别重大贡献的人物，他也可能是整理汉字的集大成者。

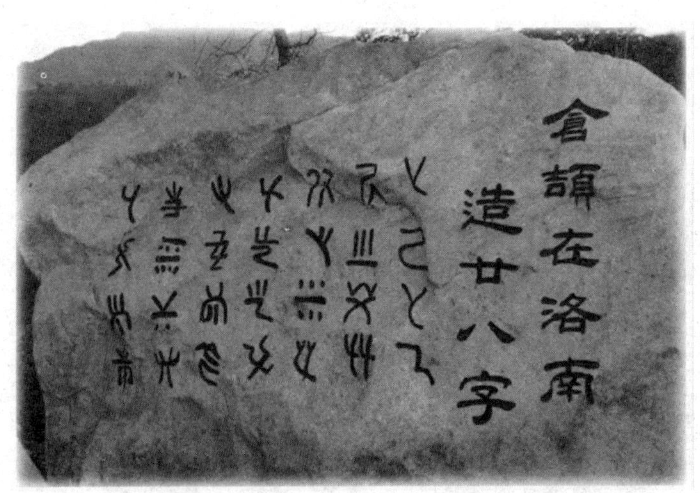

←仓颉造字的传说

知识小链接

《说文解字》

《说文解字》，简称《说文》。作者是东汉的经学家、文字学家许慎。《说文解字》是献给汉安帝的典书，成书于汉和帝永元十二年（公元 100 年）到安帝建光元年（公元 121 年）。《说文解字》是我国第一部按部首编排的字典。

最古老的文字——甲骨文

甲骨文是中国已发现的古代文字中时代最早、体系较为完整的文字。甲骨文主要指殷墟甲骨文，又称为“殷墟文字”“殷契”，是殷商时代刻在龟甲、兽骨上的文字。这种文字叫“卜辞”“甲骨文字”。

奴隶制的殷商王朝每事必卜，凡祭祀、战争、畋猎、风雨、天象、农业丰歌、分娩男女以及病疫等都要通过占卜向上天请命。甲骨上所记的都是占卜语言。自发掘出这种文字资料始，考古学家们发掘了数以万计的甲骨片，经过七十余年的搜集研究。发现这些甲骨文中单篇文章最长者达百余字，可以看出应用的文字雏形。这种刻有古文字的甲骨，在被认识以前即常有出土，但主要被当作中药材“龙骨”卖给药材商。

“甲骨文之父” 王懿荣

在清朝光绪年间，有个叫王懿荣的人，是当时最高学府国子监祭酒(即校长)。有一次他看见一味叫“龙骨”的中药上面刻着字，就觉得很奇怪，就翻看药渣，没想到上面都有一种看似文字的图案。于是他去药铺把所有的龙骨都买了下来，发现每片龙骨上都有相似的图案。他把这些奇怪的图案画下来，经过长时间的研究他确信这是一种文字，而且比较完善，应该是殷商时期的。后来，人们找到了龙骨出土的地方——河南安阳小屯村，那里又出土了一大批龙骨。因为这些龙骨主要是龟类兽类的甲骨，所以人们将它们命名为“甲骨文”，将研究它的学科就叫作“甲骨学”。

甲骨文又称“契文”、“龟甲文”

或“龟甲兽骨文”。绝大部分甲骨文发现于殷墟。殷墟是著名的殷商时代遗址，范围包括河南省安阳市西北小屯村、花园庄、侯家庄等地。这里曾经是殷商后期中央王朝都城的所在地，所以称为“殷墟”。占卜所用的材料主要是乌龟的腹甲、背甲和牛的肩胛骨。通常先在准备用来占卜的甲骨的背面挖出或钻出一些小坑，这种小坑被甲骨学家称之为“钻凿”。占卜的时候就在这些小坑上加热使甲骨表面产生裂痕。这种裂痕叫作“兆”。甲骨文里占卜的“卜”字，就像兆的样子。从事占卜的人就根据卜兆的各种形状来判断吉凶。

在总共10余万片有字甲骨中，含有4000多种不同的文字图形，其中已经被识别出的约有2500字。甲骨文中形声字约占27%。甲骨文被认为是现代汉字的早期形式，是汉字的书体之一，也是现存中国最古老的一种成熟文字。

从殷商的甲骨文看来，当时的汉字已经发展成为能够完整记载汉语的文字体系了。在已发现的殷墟甲骨文里，既有大量指事字、象形字、会意字，也有很多形声字。这些文字和我们现在使用的文字，在外形上有很大的区别。但是从构字方法来看，二者基本上是一致的。

趣味点击

王懿荣发现甲骨文

出身于封建士大夫家庭。15岁随父进京。1883年任翰林院编修，1894年（光绪二十年）升迁侍读并入值南书房。曾三任翰林院庶常馆教习，三为国子监祭酒，“诸生得其指授，皆相勉为实学”，时人称其为“太学师”。1899年（光绪二十五年），他第一个发现甲骨文，并将其时代断为商代。此举轰动了中外学术界，把汉字的历史推到了公元前1700多年的殷商时代，开创了文字学、历史学研究的新局面。

甲骨片的发掘

自甲骨文被发现后，搜集和研究甲骨文的人越来越多，前后对甲骨文研究做出贡献的有王襄、刘鹗、罗振玉、王国维等人。刘鹗先后搜集甲骨文5000余片，编为《铁云藏龟》一书。罗振玉搜集到的甲骨文更多，总数在30000片以上，先后编成《殷墟书契前编》和《殷虚书契后编》等书。罗振玉与王国维对于殷墟地点的考定，

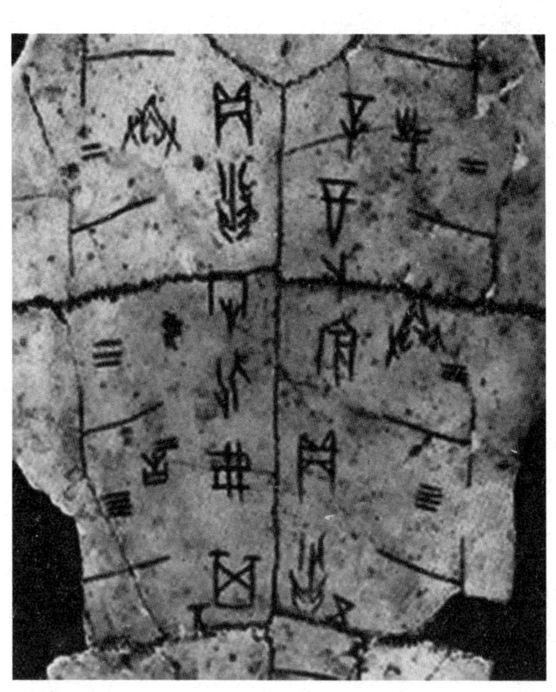

↑出土的甲骨文

为后人研究甲骨文和殷商史指出了可靠和基本的方向。他们确定了甲骨文的出土地点为河南安阳西北五里之小屯，也即《史记·项羽本纪》所说的“殷墟”，是商代后期国都遗址。

从1928年至1937年间，当时的中央研究院历史语言研究所对殷墟前后进行了15次发掘，共获有字甲骨24000余片，编为《殷墟文字甲编》和《殷墟文字乙编》。新中国成立后，对殷墟继续进行发掘，前后12次又获甲骨文字5000多片。此外，河南辉县、偃师、洛阳、郑州二里岗及河北藁城等地的商代遗址也有有字甲骨出土。陕西岐山、山西洪洞、北京昌平等地还发现了周代的有字甲骨。至今，我国国内已收藏甲骨共达90000余件，分散于24个省级单位的39个城市。我国大型综合性的《甲骨文合集》，已由中华书局出版，这部巨著于1979年由郭沫若任主编，胡厚宣任总编辑，共选收40000多片有参考价值的甲骨，进行研究分析。这是甲骨学研究史上的一件大事。甲骨学现在已成为一门国际性的学科，日本、英国、美国、法国、加拿大都有一批甲骨专家，都对甲骨文有系统的研究，他们也出版了有关甲骨文和殷商史的专著，这些研究都对还原中华文字的起源这段历史的真相有一定的推动作用。

甲骨文的特点

从字体的数量和结构方式来看，甲骨文已经是发展到了有较严密系统的文字了。汉字的“六书”原则，在甲骨文中都有所体现。但是甲骨文中原始图画文字的痕迹还是比较明显。其主要特点：

（1）在字的构造方面，有些象形

字只注重突出实物的特征，而笔画多少、正反向背并不统一。

(2) 甲骨文的一些会意字，只要求偏旁会合起来含义明确，而不要求笔画固定。因此甲骨文中的异体字非常多，有的一个字可有十几个甚至几十个写法。

(3) 甲骨文的形体，往往是以所表示实物的繁简决定大小，有的一个字可以占上几个字的空间，也可有长、有短。

(4) 因为字是用刀刻在较硬的兽骨上，所以笔画较细，方笔居多。由于甲骨文是用刀刻成的，而刀有锐有钝，骨质有细有粗，有硬有软，所以刻出的笔画粗细不一，甚至有的纤细如发，笔画的连接处又有剥落，浑厚粗重。结构上，长短大小均无定式，或是疏疏落落，参差错综；或是密密层层十分严整庄重。故能显出古朴多姿的无限情趣。

甲骨文，结体上虽然大小不一，错综变化，但已具有对称、稳定的格局。所以有人认为，中国的书法，严格讲是由甲骨文开始，因为甲骨文已具备书法的三个要素，即用笔、结构、章法。

青铜器上的铭文

金文初始于商末，盛于西周。是在甲骨文的基础上发展起来的文字。据统计，金文约有 3005 字，其中可知有约 2000 字。金文上承甲骨文，下启秦代小篆，书迹流传多刻于钟鼎之上，所以大体较甲骨文更能保存书写原迹，具有古朴之风格。

↑青铜器上的文字

由于商周盛行青铜器，而青铜礼器以“鼎”为代表，乐器以“钟”为代表，因其刻于金器、大钟上故称之“金文”。金文记录的内容与当时社会，尤其是王公贵族的活动息息相关，多为描述祀典、赐命、征伐、围猎及契约之事。大部分人以周宣王在位时期铸造的毛公鼎金文（又称西周金文）为金文代表，毛公鼎金文共 32 行，497 字。西周以后，金文被普遍地使用，现在先后出土的商周青铜器大约有 10000 余件。金文的形体和结构，同甲骨文非常相近。

金文的发展

金文可粗略分为四种，即殷金文（公元前 1300 年左右—前 1046 年左右）、西周金文（公元前1045年左右—前771年）、东周金文（公元前770年—前222年）和秦汉金文（公元前221年—219年）。

殷金文

虽然商朝以前已有青铜器，金文之始，基本在盘庚迁殷（今河南安阳西北）后。商末铸有金文的青铜器日渐增多，不过金文所述仍简，多为铸者或其先祖之名讳。到了商朝灭亡时，才有文章出现，那时最长的金文，仍仅有40余字。西周初年开始有长篇的铭识文字。如成王时代的《令彝》有187字，康王时代的《大盂鼎》有290字，西周的青铜器主要是王室器皿，诸侯和王臣铸器的很少。东周以后，王室之器绝迹，差不多都是诸侯和王臣的器皿。

↑殷金文

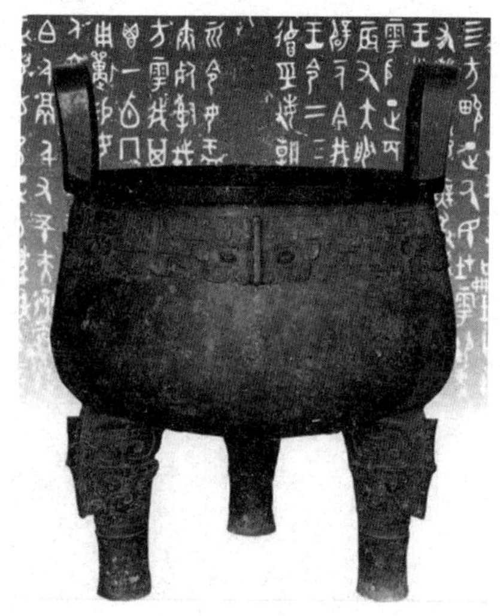

↑钟鼎文

西周金文

西周铭文青铜器几乎涵括每一位周王，西周周王青铜器的标准年月日的日期标注，以“唯王”开始，后面如果没有年数，默认的是该周王的元年，有年数的也可以换算成该王元年。有关周王的元年基本上是正月初吉，即现在的新年正月初一昭告天下，新年新气象取的是吉祥。也有周王在新年登基后赶赴外地诸侯处行政的例子。

东周金文

自平王东迁以后，铁器渐有，钟等青铜乐器亦渐多，且亦能铸文

于青铜器外侧，故金文所录，已非如当初般，只为王公大臣之事，战功、音阶等，皆有铸录。此时金文被广泛使用，堪称全盛时期。

秦汉金文

秦始皇一统天下后，诏令书同文，并于四方立碑，所用之文字皆为小篆，且不再刻铭文于钟鼎之上，由此金文渐衰。及至汉代，民间多铸铭文于铁器之上，青铜之器，不再使用，金文自是不见于史。

金文的制造

殷周金文被铸在青铜器的内侧，但是怎样在铸模上刻印金文至今仍是个谜。根据在工场遗址所发现的大量模具推断，青铜器的制造方法大致如下：先利用黏土做一个与制成品大小相若的土坯（模型）。另外再用黏土包裹着模型，待干透后切开外层的黏土，作为外模。将模型削去外层，作为内模。这时在内模刻上图案文字。再组合起外模和内模，并在之间放入铜片作为间隔空隙以待注入铜液。最后将铜液注入。待模冷却打破，取出青铜器。

关于对金文的研究

清代吴式芬把商周铜器铭文编成《捃古录金文》一书，收集的资料不仅多，且考释严谨，影响颇大，“金文”一词遂有了界说。这时所谓金文皆指整篇的铭文，不称单字。1925 年容庚编《金文编》把商周铜器铭文中的字，按照《说文解字》的顺序编为字典，从此金文成为一种书体名称。金文出现在商代中期，资料虽不多，年代却比殷墟甲骨文早。

金文下限断在秦灭六国，也就是秦用小篆统一中国文字时。

宋代人收藏铜器极重视铭文，如吕大临《考古图》等；也有专门摹刻铭文的，如王俅《啸堂集古录》等；把铭文中的字编为字典则有王楚和薛尚功《钟鼎篆韵》。清代由于《说文》之学兴盛、声韵训诂研讨日深，在这种学风的影响下，铭文研究进步较快，不断出现专家，如吴大肨《字说》《说文古籀补》，孙诒让《古籀拾遗》《古籀馀论》《名原》等，皆有创见，超过前人。金文的年代长，使用区域广，材料如果不清楚整理，则收效不大。王国维《两周金石文韵读·序》的时间地点观念很清楚。郭沫若《两周金文辞大系·序文》说：“当以年代与国

↑青铜器上的铭文

别为之条贯，……余于西周文字得其年代可征或近是者凡一百六十又二器。……其依据国别者，于国别之中亦贯以年代，得列国之文凡一百六十又一器。”这在金文研究中是划时代的创举。1985年容庚《金文编》修订第四版采用铭文3902件，收正文（可识的字）2420字，附录（还不能确定的字）1352字，共计3772字。这是今日可见金文的总数。先秦文字资料不限于金文，而金文终究是主要的，它反映秦用小篆统一文字前1000多年间中国文字发展变化的基本情况。

这些文字，在汉武帝时就已被发现，当时有人将在汾阳发掘出的一尊鼎送进宫中，汉武帝因此将年号定为“元鼎”。以后金文又陆续有所发现。金文的内容是关于当时祀典、赐命、诏书、征战、围猎、盟约等活动或事件的记录，都反映了当时的社会生活。金文字体整齐遒丽，古朴厚重，和甲骨文相比，脱去板滞，变化多样，更加丰富。金文基本上属于籀篆体。

大篆的兴起

西周后期，汉字发展演变为大篆。大篆的发展结果产生了两个特点：一是线条化，早期粗细不匀的线条变得均匀柔和了，它们随实物画出的线条十分简练生动；二是规范化，字形结构趋向整齐，逐渐离开了图画的原形，奠定了方块字的基础。大篆是对后来的小篆而言的。广义的大篆包括以前的甲骨文，金文和六国文字。这里的大篆指通行于春秋战国时期的秦国文字。由于周平王东迁洛阳，秦占据了西周的故地，同时也继承了西周的文字，即是继承金文发展而来的。

大篆的特点

大篆又有籀文、籀篆、籀书、史书之称。周宣王时，太史籀作《大篆》十五篇，因其为籀所作，故世称“籀文”。“籀文”乃据古文而作，是在古文基础上整理出来的，所以它与古文或同或异。而今籀文散见于《说文解字》和后人收集的各种钟鼎彝器之中。其中以周宣王时所作石鼓文最为著名。大篆的真迹，一般认为是“石鼓文”。唐初在天兴县陈仓（今陕西宝鸡）南之畴原出土的径约三尺，上小下大，顶圆底平像馒头似的十个石墩子。上面刻的是秦献公十一年作的十首四言诗，是我国最早的石刻文字，原刻的700多字，现存300多字。这十个石墩现存于故宫。因内容记载畋猎之事，命名为“猎碣或雍邑刻石”，唐诗人韦应物认为石的形状像鼓，改名“石鼓文”，现作为大篆的代表。石鼓文具有遒劲凝重的风格。字体结构整齐，笔画匀圆，并有横竖行笔，形体趋于方正。大篆在相当大的程度上保留西周后期文字的风格，只是略有改变，笔画更加工整匀称。笔势圆整。线条比金文均匀，无明显的粗细不均的现象。形体结构比金文工整，开始摆脱象形的拘束，打下了方块汉字的基础。同一器物上几乎没有异体字。字体繁复，偏旁常有重叠，书写不便。

春秋时代的文字

春秋时代的文字，也有说是“六国文字”的。这种文字以孔子的《六经》为主，所以又名“孔氏古文”。秦始皇所焚的书籍，大部分是孔经，西汉王朝利用孔子思想巩固政治统治，首先是搜求孔经。汉惠帝时废除“挟书之律”以后，景帝时就开始搜求孔经。当时孔经有两种来源，一种是凭记忆靠背诵，口耳相传，汉初用汉隶记录成书，称为“今文”，如伏生能背诵《书经》，景帝派晁错记录成书；公羊高的《春秋公羊传》口授了五世，才用汉隶写成专书。另一种是从孔壁发掘的或私人隐藏的，这类书是用春秋时代的文字书写的，叫“古文孔经”。据前后汉书的记载，共有五处：鲁恭王坏孔子壁发掘一大批古文经书；北平侯张苍献的《春秋左氏传》；河间献王发掘的古文经书；鲁淹中出土的《礼古经》，鲁三老所献的《古孝经》。许慎以“古文”的字体作标准，他所收集的“古文”并不限于孔经，据全书所引有《山海经》《伊尹》《逸周书》《老子》《墨子》《管子》《春秋·国语》《韩非子》《吕不韦》《师旷》《楚辞》《司马迁》等先秦书籍，许慎皆谓之“古文”。

知识小链接

《山海经》

《山海经》是先秦重要古籍，是一部富于神话传说的最古老的地理书，全书共计18卷，包括《山经》5卷，《海经》8卷，《大荒经》5卷。内容包罗万象，主要记述古代地理、动物、植物、矿产、神话、巫术、宗教等，也包括古史、医药、民俗、民族等方面的内容。最有代表性的神话寓言故事包括夸父逐日、女娲补天、精卫填海、大禹治水、共工撞天、后羿射日等。具体成书年代及作者已无从考证，今人普遍认为其并非成书于一时，也不是一个作者写的。

毛公鼎

国家图书馆藏有一张毛公鼎全形拓，出自清咸丰、同治年间陈介祺和其门人之手，形态自然逼真，立体感强，是珍贵的全形拓作品。是陈淮生的旧藏，上有罗振玉大篆题端。

↑毛公鼎内有铭文

毛公鼎，道光末年出土于陕西岐山县，全器通耳高 53.8 厘米，口径 47.9 厘米，口饰重环纹一道。内壁铭文 32 行，共 497 字，是迄今所知铭文最长的青铜器。其上铭文记载周宣王在位初期，欲振兴朝政，遂命毛公处理国家大小事务，又命毛公一族担任禁卫军，保卫王家之册命，并赏赐酒食、舆服、兵器等。语词文气与《尚书》等篇相类，是反映西周晚期历史的重要史料。自发现以来便是国之重器，受到各方势力的关注。清咸丰二年（1852 年），西安古董商人苏亿年辗转购得此器，载以入京。当时，陈介祺适逢供职在京，以重资购得，悄然运回山东潍县。因恐宝器惹来祸端，一直隐匿踪迹，秘不示人。宣统年间，毛公鼎藏于陈家渐为人所知，清末大臣、金石学家端方以权势购得。此后，数度易主。其间美国人辛普森欲以 5 万美元购出国境，受到国人阻挠。1925 年，当时北洋政府交通总长叶恭绰秘密购得此器。抗日战争爆发后，宝器辗转于乱世，险陷日寇之手，一度南渡香港，最后复返上海，由沪上巨商陈永仁购得，并于 1946 年捐献给国民政府，由中央博物院保存。1948 年，国民党退守台湾，毛公鼎也随之迁至台北，今藏于台北故宫博物院。

小篆的统一

到春秋战国时期，我国社会经历巨大变革，经济文化蓬勃发展，文字应用也越来越广泛。大体上秦国用大篆，六国用“六国古文”。六国古文也是一种“篆”。篆的意思就是把笔画拉长，成为一种柔婉美化的长线条。公元前221年，秦始皇统一中国，在全国范围内统一文字、货币、度量衡，规定通行全国的标准字形。秦始皇命令李斯等整理文字，改定字体，由李斯书写出标准字体《仓颉篇》，赵高作出《爰历篇》，胡毋敬作《博学篇》，让全国统一用他们简化后的字体书写，这就是“小篆”。小篆较之大篆，形体笔画均已简化，而字数日增，这是应时代的要求所致。从古文到大篆，从大篆到小篆的文字变革，在中国文字史上具有划时代的意义。

↓李　斯

李斯与小篆

秦统一前由于长期地域割据，“言语异声，文字异形”，书写形式很不一致，一字多形现象十分严重。如“羊”就有二十多种写法，给发展经济和文化交流带来极大不便。故秦始皇在统一货币、车轨和度量衡制度的同时，又着力推行“书同行”政策。宰相李斯在籀文的基础上删繁就简，废除异体，而创秦篆，统一了全国的文字。这种书体更趋简化，线条圆匀，字呈竖势。是我国汉字的一大进步，也是汉字发展史上一次重要的里程碑。由此李斯被称为小篆的鼻祖。《书断》论曰：“画如铁石，字若飞动，斯虽草创，遂造其极。”

李　斯

李斯（公元前 284—前 208 年），秦朝宰相，政治家、文学家和书法家，协助秦始皇帝统一天下。秦统一之后，参与制定了法律，统一车轨、文字、度量衡制度。秦始皇死后，与赵高合谋立少子胡亥为二世皇帝，后为赵高所忌，腰斩于市。

小篆的统一，为后来楷、隶、行、草诸书的变革开辟了广阔的道路。小篆有的是铸在铁器上，有的刻在石碣、石碑上，从目前所见的文物看，秦篆一般铸在铁器及度量衡器、符印、货币、诏板上。秦篆字体有大有小，章法自然，结字端庄，分行布白工整，为小篆的精华和代表。其传世代表作

↑小篆书法

有《秦山刻石》残部，仅存 10 字。另有《会稽》《峄山》后人摹刻本传世。据传上述刻石皆为李斯所书。

公元前 219 年，始皇东巡泰山立封泰山碑，碑为宰相李斯所书。石高 4 尺，四面环刻文字，三面为始皇诏，一面为二世诏，内容主要是“颂秦德”。字体为小篆，原残石现存岱庙。其传世拓本较多，其特点是笔画圆润，挺遒流畅，笔笔如铁线；结体端庄严谨；字形稍长，造型健美；分行布白体势工整，为小篆之代表。

峄山刻石俗称“峄山碑”，为公元前 219 年秦始皇登峄山（山东邹县）所立，传为丞相李斯所书，小篆。内容前为始皇诏，共 144 字，自“皇帝曰”以下为二世诏，计 79 字，字略小。二世诏刻于公元前 209 年。其石

久逸，现所见均为后人摹写，虽多失秦篆古厚的笔势，但其对研究篆书艺术的演变有重要价值。秦诏版为公元前221年所作，记秦始皇的诏书内容。其笔画遒劲，书风随意自由，大小相同，随势生姿；字间行间，时疏时密，虽不齐整，前后成趣。

小篆的推广

中国文字发展到小篆阶段，逐渐开始定型（轮廓、笔画、结构定型），象形意味减弱，文字更加符号化，减少了书写和认读方面的混淆和困难，这也是我国历史上第一次运用行政手段大规模地规范文字的产物。秦王朝使用经过整理的小篆为全国统一文字，基本上消灭了各地文字异行的现象，使古文字体众多的情况有了很大的改变，在中国文字发展史上有着重要的意义。为了将小篆推广到全国，李斯、赵高、胡毋敬等人编写用标准字体——小篆来书写的识字课本，成了儿童的启蒙教材。此外，还用小篆来书写皇帝的诏书及到处以小篆刻石来歌功颂德，使小篆广为流传。从文字的发展过程来看，秦代是以小篆光耀史册的。小篆以秦刻石为代表。秦始皇统一全国后，为巩固统治，加强影响，他带宰相李斯和百官巡视各地，刻石记功，以颂扬他废分封、立郡县、统一中国的历史功绩，从而留下了珍贵的秦代刻石。

秦刻石上的小篆与《石鼓文》《秦公簋》上的籀文相比，有了简化，并且结束了战国时六国文字混乱的现象，统一了全国的书体。除刻石之外，秦代小篆还铭刻在秦虎符上。如《阳陵虎符》，铭文是极精美的小篆，笔道圆匀，笔力雄健，对称均衡，结法缜密，更兼字画错金为之，灿灿金光，炫人眼目。《新郪虎符》也是笔道圆融，结体严密，字体风格属于秦系文字，精美异常。商、周人在青铜器上铸刻铭文用于祭祀神灵，记录事件或显示富有或权威。秦始皇刻石，将其立于名山之巅，则是用以炫耀他统一六国的功业，表达了帝王自信与长治天下的意愿。同时也创立了一种可以使书法更长久留存的形式，开拓了一个新的艺术天地。中国书法艺术的两大系统，一为碑系，一为帖系。秦刻石则是在此前石鼓文的基础上建立起来的碑系开山之作。

隶书的沿革

隶书也叫“隶字”。是在篆书基础上，为适应书写便捷的需要产生的字体。就小篆加以简化，又把小篆匀圆的线条变成平直方正的笔画，便于书写。分“秦隶”（也叫“古隶”）和“汉隶”（也叫“今隶”），隶书的出现，是古代文字与书法的一大变革。隶书也是汉字中常见的一种庄重的字体，书写效果略微宽扁，横画长而竖画短，讲究“蚕头燕尾”“一波三折”。它起源于秦朝，在东汉时期发展到顶峰，书法界有“汉隶唐楷”之称。

隶书之名源于东汉。隶书的出现使中国的文字进入了一个新的发展阶段，是汉字演变史上的一个转折点，它奠定了楷书的基础。隶书结体扁平、工整、精巧。到东汉时，撇、捺等笔画美化为向上挑起，轻重顿挫富有变化，具有书法艺术美。同时，它的风格也趋多样化，极具艺术欣赏的价值。

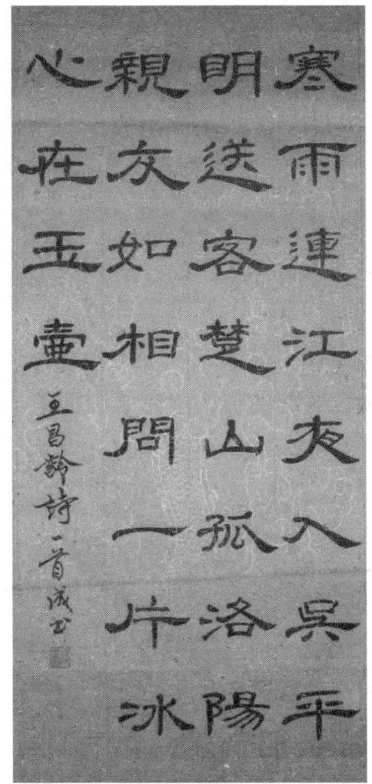

↑隶书书法

隶书的起源

据说隶书最初是由下层官吏们使用的，当时“隶”指“徒隶”，后来在民间用得多了，盛行起来，连统治阶级也不得不用这种字书写了，到汉朝时就成了全国范围的正式书写字体。现在流传下来的汉碑，就是由这种隶书写成的。“隶人”不是囚犯，而指“胥吏”，即掌管文书的小官吏，所以在古代，隶书被叫作“佐书”。

隶书基本是由篆书演化来的，主要将篆书圆转的笔画改为方折，在木简上用漆写字很难画出圆转的笔画，隶书书写速度更快。

关于隶书的发明，有这样一个传说。秦代有一个叫程邈的狱吏，因得罪始皇而下狱，在狱中十年，他把篆书简化，变圆形为方形，变曲笔为方笔，从而创造出一种新的书体——隶书。不过，程邈个人创造隶书的说法恐怕难以成立。秦初刚完成统一，国家事务异常繁多，下级吏员因使用篆书，字画多，书写速度慢，不能满足当时工作的需要，于是便产生和创造了一种较篆书更为简易、书写速度更快的书体。由于这种字体主要行用于徒隶一类的下层吏员，因此称为“隶书”。

程邈可能是在隶书的创造和书写上取得较高成就的人物。目前所能看到的秦代日常通行的书体，虽然仍属篆书结构，但笔法中已含有隶书的笔意，体方笔直，已接近隶书了，被称为“秦隶”。

今天我们所看到的秦隶有两类：一是秦代权量、诏版上的铭文。那是秦代统一度量衡的量器和刻有皇帝发布统一量器诏令的铁版，其书体基本上是小篆，不过它每字作方形，用笔方折，因其目的在于实用，书写似不经意，大小不一，字形长方，纵有行而横无列，参差错落，奇趣多姿，具有较高的艺术价值。还有在秦瓦当上的小篆都带有方折体势，与诏版书法相合。

二是秦代竹木简。1975 年在湖北云梦睡虎地秦墓中出土的 1100 余枚墨书竹简，其书体是典型的秦隶，约为秦始皇统一全国后五六年间的遗物。仍存小篆的形体，改篆书的一些偏旁为隶书写法，用笔上的笔画已初具形态，起笔重而露锋顿笔，收笔出锋。结体偏方，字体厚重，其简宽仅半厘米，但字体饱满，笔小气壮，有大字浑厚之象，足见作者驾驭毛笔能力的高超和精到。隶书在汉朝成为主要书体。作为初创的秦隶，留有许多篆意，后来不断发展加工，打破了周秦以来的书写传统，逐步奠定了隶书的基础。在“罢黜百家，独尊儒术”的思想统

一下，使汉代隶书逐步发展定型，成为占统治地位的书体，同时，派生出草书、楷书、行书各书体，为文字艺术奠定了基础。

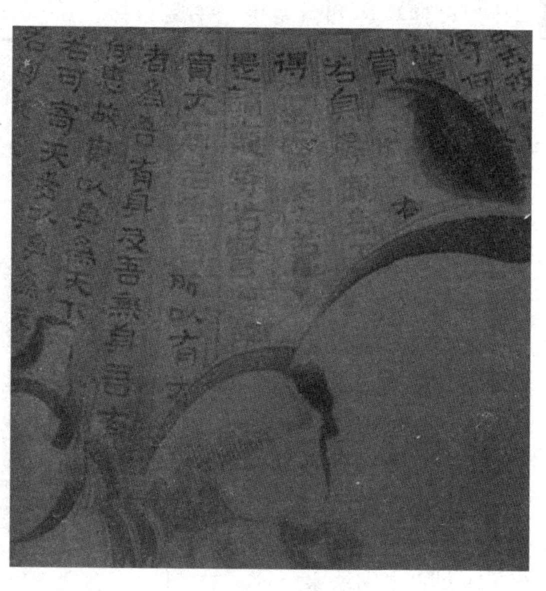

↑壁画上的隶书

隶书的发展

西汉初期仍然沿用秦隶的风格，到新莽时期开始产生重大的变化，产生了点画的波尾的写法。到东汉时期，隶书产生了众多风格，并留下大量石刻。《张迁碑》《曹全碑》是这一时期的代表作。

↑张迁碑上的隶书

汉隶在笔画上具有波、磔之美。所谓“波”，指笔画左行如曲波，后楷书中变为撇；所谓“磔”只右行笔画的笔锋开张，形如“燕尾”的捺笔。写长横时，起笔逆锋切入如“蚕头”，中间行笔有波势俯仰，收尾有磔尾。这样，在用笔上，方、圆、藏、露诸法俱备，笔势飞动，姿态优美。在结构上，有小篆的纵势长方，初变为正方，再变为横势扁方，汉隶具有雄阔严整而又舒展灵动的气度。隶书对篆书的改革包括笔画和结构两个方面。隶化的方法有变圆为方，变曲为直，调正笔画断连，省减笔画结构，等等。

其中以横向取势和保留毛笔书写自然状态两点最为重要。横向取势能左右发笔，上下运动受到制约。最终形成左掠右挑的八分笔法。而毛笔的柔软性使汉字笔画产生了粗细、方圆、藏露等各种变化。另外，字距宽、行距窄也是其章法上的一大特点。

汉隶在帛画、漆器、画像中表现得精美绝伦，而在碑刻中更显其宽博的气势和独特的韵味。汉隶主要有两大存在形式：石刻与简牍。魏晋南北朝隶书大多杂以楷书笔法；唐朝也产生了一批隶书书法家。

趣味点击

帛　画

帛画，中国古代画种之一。因画在帛上而得名。帛是一种质地为白色的丝织品，在其上用笔墨和色彩描绘人物、走兽、飞鸟及神灵、异兽等形象的图画，约兴起于战国时期，至西汉发展到高峰。

草书的演变

隶书后来又演变成草书。草书是一种隶书的快写体，它发展成为独立字体，大约始于东汉。相传秦文字统一后，在应急的情况下，或者是在起草文书稿件、记录他人谈话时，行笔快捷，笔画连带、省略，信手写的不规范的潦草的字，这种潦草的字很难用于交流，隔久了甚至连写字的人也难以识别。但由于其适应了文字发展的需求，后来成为独立的字体。草书的特点是，存字之梗概，损隶之规矩，纵任奔逸，赴速急就，因草创之意，谓之“草书”。

草书的出现与发展

为了便捷书写，经过漫长的约定俗成的过程，尤其是在篆书向隶书转化的时期，民间流行的草字的数量逐渐增多，写法逐渐统一，经过由量变到质变的过程，终于产生了具有法度的草书，那便是章草，之后进一步发展成今草，狭义的草书就是指章草和今草。

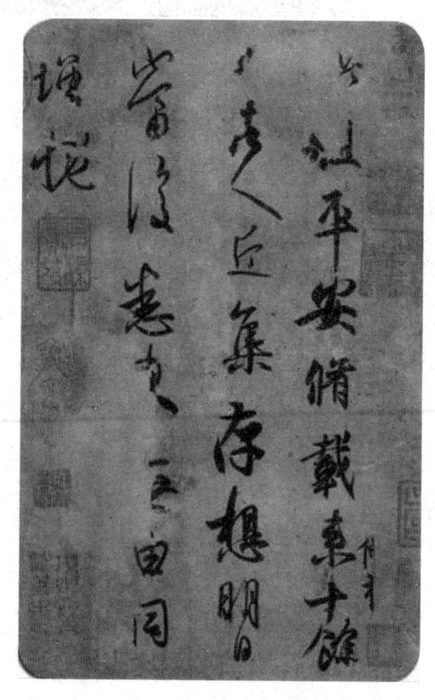

↑草书平安帖

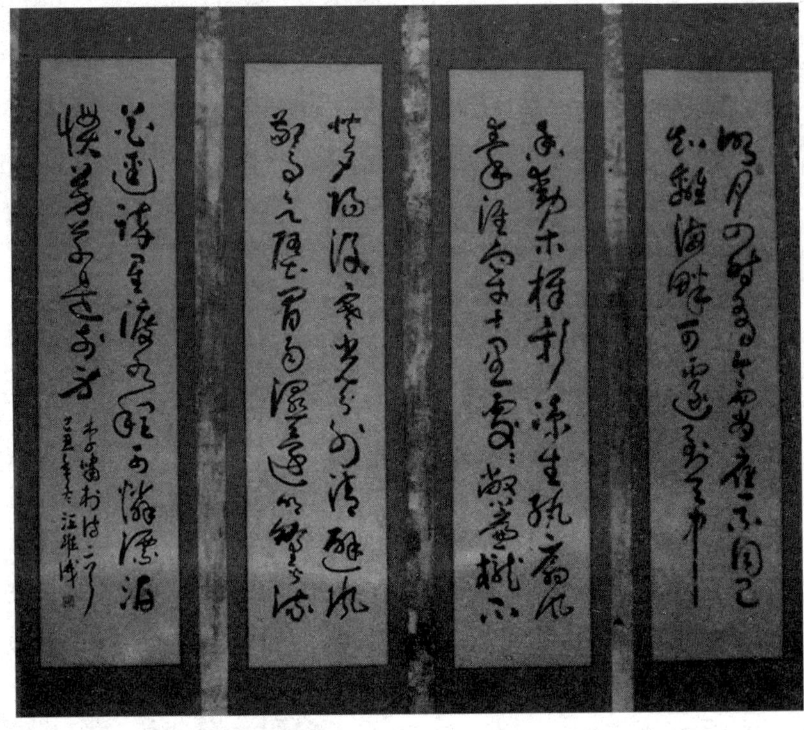

草书四条屏

章草笔画省变有章法可循，代表作如三国吴皇象《急就章》的松江本。今草不拘章法，笔势流畅，代表作如晋代王羲之《初月》《得示》等帖。狂草出现于唐代，以张旭、怀素为代表，笔势狂放不羁，成为完全脱离实用的艺术创作，从此草书只是书法家临摹章草、今草、狂草的书法作品。狂草代表作如唐代张旭《肚痛》等帖和怀素《自叙帖》，都是现存的珍品。

草书的特点

早期草书是跟隶书平行的书体，一般称为“隶草”，实际上夹杂了一些篆草的形体。初期的草书，打破了隶书的方整、规矩严谨，是一种草率的写法。称为“章草”，章草波挑鲜明，笔画勾连呈“波”形，字字独立，字形遍方，笔带横势。章草在汉魏之际最为盛行，后至元朝方复兴。汉末，章草进一步“草化”，脱去隶书笔画行迹，上下字之间笔势牵连相通，偏旁部首也做了简化和互借，称为“今草”。

今草，是章草去尽波挑而演变成的，今草书体自魏晋后盛行不衰。到了唐代，今草写得更加放纵，笔势连

绵环绕，字形奇变百出，称为“狂草”，亦名“大草”。到了今天，草书的审美价值远远超越了其实用价值。

草书是按一定规律将字的点画连字，结构简省，偏旁假借，但不是随心所欲地乱写。草书符号的主要特征之一是笔画带钩连，包括上下勾连和左右勾连。隶化笔法的横势倾向，为左右勾连的草化提供了依据。章草笔法用“一”形，今草笔法用“S”形。这是两者的根本区别。运笔放纵、点画狼藉的又称“大草”或“狂草”。

楷书的应用

从甲骨文发展到今天的汉字，已经有3000多年的历史，文字的发展经过了金文、大篆、小篆、隶书、草书、楷书等几个阶段。这几种字体的通行时间是并行或交叉的。楷书，又称正楷、楷体、正书或真书，是汉字书法中常见的一种字体。其字形较为方正，不像隶书写成扁形。楷书仍是现代汉字手写体的参考标准。

楷书的发展历史

初期“楷书”，仍残留极少的隶笔，结体略宽，横画长而直画短，在传世的魏晋帖中，如钟繇的《宣示表》《荐季直表》，王羲之的《乐毅论》《黄庭经》等，可为代表作。观其特点，“变隶书之波画，加以点啄挑，仍存古隶之横直”。

东晋以后，南北分裂，书法亦分为南北两派。北派书体，带着汉隶的遗型，笔法古拙劲正，而风格质朴方严，长于榜书，这就是魏碑。南派书法，多疏放妍妙，长于尺牍。南北朝，因为地域差别，个人习性、书风迥然不同。北书刚强，南书蕴藉，各臻其妙，不分上下，而后世学者，却极力推崇两朝书，尤重北魏碑体。唐代的楷书，亦如唐代国势的兴盛局面，真所谓空前繁荣。书体成熟，书家辈出，在楷书方面，唐初的虞世南、欧阳询、褚遂良，中唐的颜真卿、晚唐的柳公权，其楷书作品均为后世所重，奉为习字的模范。古人学书法有这么一种说法：“学书须先楷法，作字必先大字。大字以颜为法，中楷以欧为法，中楷既熟，然后敛为小楷，以钟王为法。”

初唐三大书法家，欧阳询、虞世南、褚遂良的楷书，都适宜作中楷的临摹范本。欧阳询的正楷，源出古隶，

以“二王”体为基础，参以六朝北派书风，结体特异，独创一格，权威尤炽，其影响深入社会，几为学书的标准本。究其楷书特点，用笔刚劲峻拔，笔画方润整齐，结体开朗爽健。他的楷书碑帖代表作有《九成宫醴泉铭》《化度寺碑》等。虞世南的楷书，婉雅秀逸，上承智永禅师的遗轨，为王派的嫡系。虽源出魏晋，但其外柔内刚，沉厚安详之韵，一扫魏晋书风之怯懦。其楷书代表作为《夫子庙堂碑》。褚遂良的楷书，以疏瘦劲练见称，虽祖右军，而能得其媚趣。其字体结构看似非常奔放，却能巧妙地调和着静谧的风格，达到了前人所未到的境地，其楷书代表作为《雁塔圣教序》。

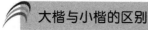

大楷与小楷的区别

一般情况下，人们把一寸以上、数寸以下见方的真书称为“大楷”。较此更大的真书大字被称为“榜书”“擘窠书”。根据历代书法家积累的经验，学习书法应先写大楷，作基本练习。掌握好大楷的点画、结构、布白，做到点画准确精到，结构疏密得当，则退而写小楷可做到结体宽绰开张，点画规矩清楚；进而学榜书则能结密无间而气魄宏阔，不致涣散无神。

小楷，顾名思义，是楷书之小者，创始于三国魏时的钟繇。他原是位隶书杰出的权威大家，所作楷书的笔意，亦脱胎于汉隶，笔势恍如飞鸿戏海，极生动之致。唯结体宽扁，横画长而直画短，仍存隶书的遗意，然已备尽楷法，实为正书之祖。到了东晋王羲之，将小楷书法更加以悉心钻研，使之达到了尽善尽美的境界，亦奠立了中国小楷书法优美的欣赏标准。

历史上的楷书大家

在书法史上最具影响力的书法家当属王羲之。王羲之东晋书法家，文学家。字逸少。琅琊临沂人，后移居会稽山阴（今浙江绍兴）。有“书圣”之称。亦长于诗文，但文才多为书法之名所掩，不为世人所知。曾任右将军、会稽内史等职，世称“王右军”。王羲之的行书《兰亭序》被誉为“天下第一行书”。论者称其笔势以为飘若浮云，矫若惊龙。他的作品美妙绝伦，无雷同乏味之嫌。中国书法艺术在他笔下成就顶峰，其后各代大家只是在某些方面进行了不同程度的发展和完善，或意或法，或韵或势，局部过之者不乏其人，整体而论，无出其右。

拓展阅读

《兰亭序》的来历

东晋永和九年（公元353年）农历三月三日，王羲之同谢安、孙绰等41人在绍兴兰亭修禊（一种祛除疾病和不祥的活动）时，众人饮酒赋诗，汇诗成集，羲之即兴挥毫作序，这便是有名的《兰亭序》。此帖为草稿，28行，324字。记述了当时文人雅集的情景。其中有二十多个“之”字，写法各不相同。宋代米芾称之为“天下第一行书”。

书学在唐代为鼎盛时期，凡及楷书，言必称虞、欧、褚、颜。颜真卿即是其中最富革新精神的大书法家。

颜真卿（公元709—785年），字清臣，京兆万年（今陕西西安）人。他出身名门，是著名学者颜师古的五世孙。颜真卿为人笃实耿直，向以忠义闻名于官场，曾为四朝元老，宦海浮沉，不以为意，后奉命招抚谋反的淮西节度使李希烈，为李所杀。颜真卿的书法源自家学，但其得以变革的启迪者，乃吴郡张旭。由于他能兼取百家，自如取舍，留下大量书帖。近代史学家范文澜在著述中每及于唐书，皆称“盛唐的颜真卿，才是唐朝新书体的创造者”。颜的楷书，反映出一种盛世风貌，气宇轩昂；而他的行草，使宋代米芾也心仪不已，原因是那些书帖往往是在极度悲愤的心境中走笔疾书的，读者可从中领略个中滋味。情融于艺，艺才生魂，历史上大凡优秀的艺术，均不违背此一准则。

↓《兰亭序》（部分）

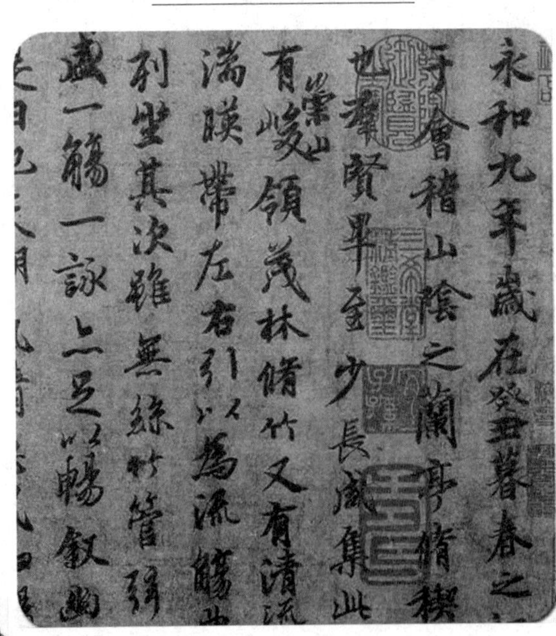

欧阳询，生于南朝陈武

帝永定元年（557 年），卒于唐太宗贞观十五年（641 年），字信本，潭州临湘人（今湖南）。以楷书和行书著称，为书法史上第一大楷书家，其字体被称为“欧体”，与颜（真卿）体、柳（公权）体、赵（孟頫）体并驾齐驱。

柳公权，唐代宗大历十三年（778 年）生，京兆华原（今陕西耀州区）人。官至太子少师，故世称“柳少师”。他初学王羲之并精研欧阳询、颜真卿笔法，然后自成一家。所写楷书，体势劲媚，骨力道健。较之颜体，柳字则稍清瘦，故有“颜筋柳骨”之称。穆宗尝问柳公权用笔之法，公权答云：“用笔在心，心正则笔正。”穆公为之改容，如其笔谏也。宋朱长文《墨池编》中说：“公权正书及行楷，皆妙品之最，草不夫能。其法出于颜，而加以遒劲丰润，自名家。”柳公权初学王羲之笔法，以后遍阅近代书法，于是极力变右军法，学习颜真卿，又融汇自己的新意，使他的字避免了横细竖粗的态势，而取匀衡瘦硬，追魏碑斩钉截铁势，点画爽利挺秀，骨力遒劲，结体严紧，后世学书者不少以柳字为楷模。

赵孟頫（1254—1322 年），字子昂，号雪松道人，又号水晶宫道人，吴兴人（今浙江湖州）。官至翰林学士

↓柳公权

承旨，荣禄大夫，封魏国公，谥文敏。著有《松雪斋集》。赵孟頫是元代初期很有影响的书法家。《元史》本传讲，“孟頫篆籀分隶真行草无不冠绝古今，遂以书名天下”。赞誉很高。据明人宋濂讲，赵氏书法早岁学“妙悟八法，留神古雅”的思陵（即宋高宗赵构）书，中年学“钟繇及羲献诸家”，晚年师法李北海。此外，他还学过元魏的定鼎碑及唐虞世南、褚遂良等人，集前代诸家之大成。诚如文嘉所说：“魏公于古人书法之佳者，无不仿学”。所以，赵氏能在书法上获得如此成就，和他善于吸取别人的长处是分不开的。

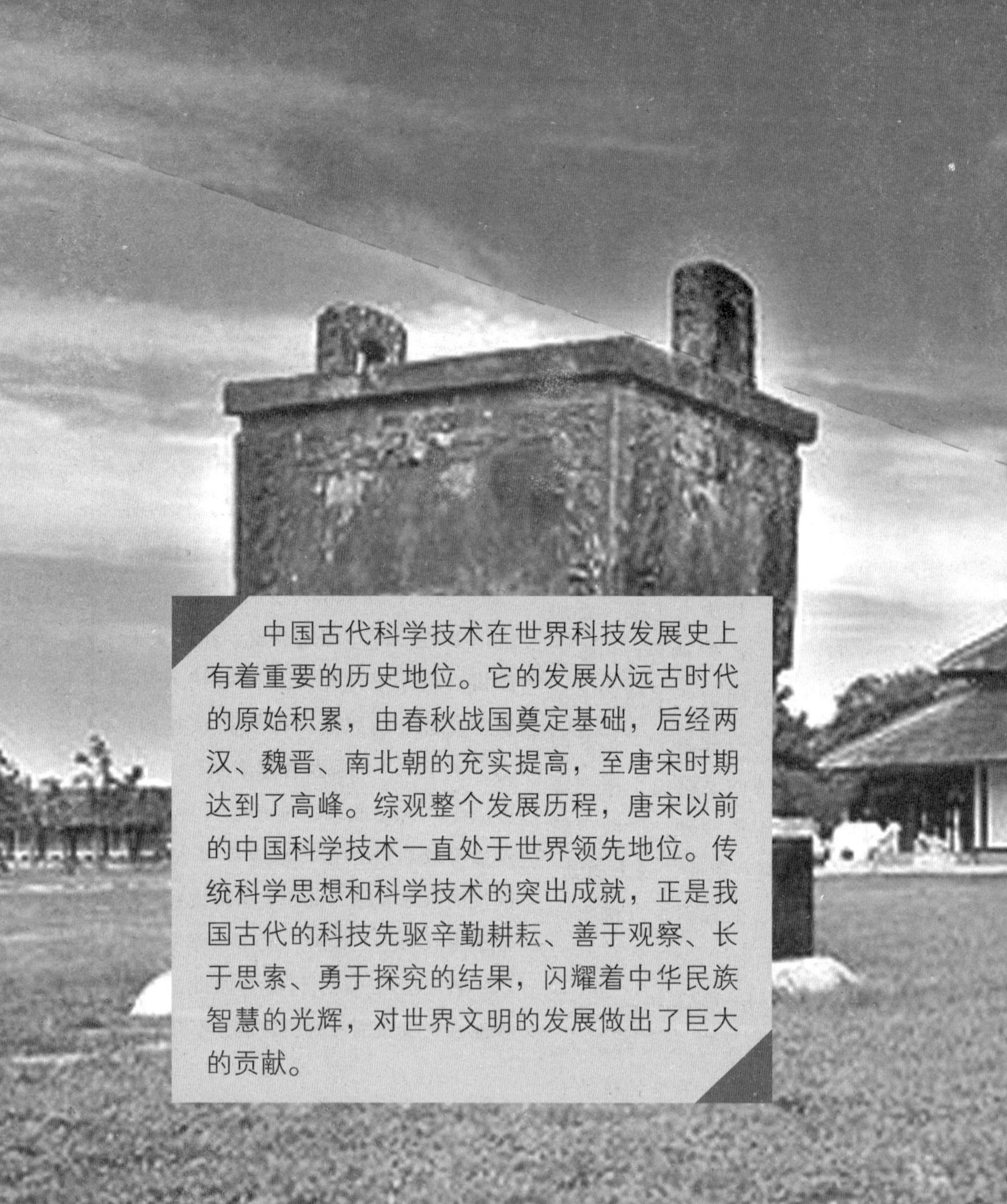

中国古代科学技术在世界科技发展史上有着重要的历史地位。它的发展从远古时代的原始积累，由春秋战国奠定基础，后经两汉、魏晋、南北朝的充实提高，至唐宋时期达到了高峰。综观整个发展历程，唐宋以前的中国科学技术一直处于世界领先地位。传统科学思想和科学技术的突出成就，正是我国古代的科技先驱辛勤耕耘、善于观察、长于思索、勇于探究的结果，闪耀着中华民族智慧的光辉，对世界文明的发展做出了巨大的贡献。

第四章

古文明之科学技术

古代天文的发展

中国是世界上天文学起步最早、发展最快的国家之一，天文学也是我国古代最发达的四门自然科学之一，其他包括农学、医学和数学，天文学方面屡有革新的优良历法、令人惊羡的发明创造、卓有见识的宇宙观等，在世界天文学发展史上，无不占据重要的地位。

古代天文学概述

萌芽

我国古代天文学从原始社会就开始萌芽了。公元前二十四世纪的尧帝时代，就设立了专职的天文官，专门从事“观象授时”。早在仰韶文化时期，人们就描绘了光芒四射的太阳形象，进而对太阳上的变化也屡有记载，描绘出太阳边缘有大小如同弹丸、呈倾斜形状的太阳黑子。

公元十六世纪前，天文学在欧洲的发展一直很缓慢，在从二世纪到十六世纪的1000多年中，更是几乎处于停滞状态。在此期间，我国天文学得到了稳步的发展，取得了辉煌的成就。我国古代天文学的成就大体可归纳为三个方面，即：天象观察、仪器制作和编订历法。

天象观察

我国最早的天象观察，可以追溯到好几千年以前。无论是对太阳、月亮、行星、彗星、新星、恒星，还是日食和月食、太阳黑子、日珥、流星雨等罕见天象，都有着悠久而丰富的记载，观察仔细、记录精确、描述详尽、其水平之高，达到使今人惊讶的程度，这些记载至今仍具有很高的科学价值。在我国河南安阳出土的殷墟甲骨文中，已有丰富的天文现象的记

↑日　食

载。这表明远在公元前 14 世纪时，我国的天文学已很发达了。我国古代天文学家是欧洲文艺复兴以前天文现象最精确的观测者和记录的最好保存者。

天文仪器

我国古代在创制天文仪器方面，创造性地设计和制造了许多种精巧的观察和测量仪器。我国最古老、最简单的天文仪器是土圭，也叫“圭表”。它是用来度量日影长短的。

此外，西汉的落下闳改制了浑仪，这种我国古代测量天体位置的主要仪器，几乎历代都有改进。东汉的张衡创制了世界上第一架利用水力作为动力的浑象。元代的郭守敬先后创制和改进了十多种天文仪器，如简仪、高表、仰仪等。

成就

世界天文史学界公认，我国对哈雷彗星观测记录久远、详尽，无其他国家可比。公元前 240 年我国的彗星记载，被认为是世界上最早的哈雷彗星记录。从那时起到 1986 年，哈雷彗星共回归了 30 次，我国都有记录。1973 年，我国考古工作者在湖南长沙马王堆的一座汉朝古墓内发现了一幅精致的彗星图，图上除彗星之外，还绘有云、气、月掩星和恒星。天文史学家对这幅古图做了考释研究后，称

←哈雷彗星

→流星雨

之为《天文气象杂占》，认为这是迄今发现的世界上最古老的彗星图。早在2000多年前的先秦时期，我们的祖先就已经对各种形态的彗星进行了认真的观测，不仅画出了三尾彗、四尾彗，还似乎窥视到今天用大望远镜也很难见到的彗核，这足以说明中国古代的天象观测是何等的精细入微。

观察方法

古人勤奋观察日月星辰的位置及其变化，主要目的是通过观察这类天象，掌握其规律性，用来确定四季，编制历法，为生产和生活服务。我国古代历法不仅包括节气的推算、每月的日数的分配、月和闰月的安排等，还包括许多天文学的内容，如日、月食发生时刻和可见情况的计算和预报，五大行星位置的推算和预报等。一方面说明我国古代对天文学和天文现象的重视，同时，这类天文现象也是用来验证历法准确性的重要手段之一。测定回归年的长度是历法的基础。我国古代历法特别重视“冬至”，准确测定连续两次冬至的时刻和它们之间的时间间隔，来确定一个回归年。

我国还有不少关于太阳黑子的记录，如约公元前140年成书的《淮南子》中说：“日中有踆乌。”公元前165年的一次记载中说：“日中有王字。”战国时期的一次记录描述为“日中有立人之像”。更早的观察和记录，可以上溯到甲骨文字中有关太阳黑子的记载，离现在已有3000多年。从公元前28年到明代末年的1600多年当中，我国共有100多次翔实可靠的太阳黑子记录，这些记录不仅有确切日期，而且对黑子的形状、大小、位置乃至分裂、变化等，都有很详细和认真的描述。它对研究太阳物理和太阳的活动规律，以及地球上的气候变迁

等，都是极为珍贵的历史资料，有着重要的参考价值。

我国古代对著名的流星雨，如天琴座、英仙座、狮子座等流星雨，各有多次记录，光是天琴座流星雨至少就有10次，英仙座流星雨至少也有12次。狮子座流星雨由于1833年的盛大“表演”而特别出名。从公元902～1833年，我国以及欧洲和阿拉伯等国家，总共记录了13次狮子座流星雨的出现，其中我国占7次，最早的一次是在公元931年10月21日。从公元前7世纪算起，我国古代至少有180次以上的这类流星雨记录。

古人对“七曜”的认识

古人把实际观测到的金、木、水、火、土五个行星合起来称作“五纬”。纬为织物的横线。这五颗行星在天空上，像纬线一样由东向西穿梭行进，故称作“五纬”。亦称作“五曜”。古人又把日月同五星合起来，称为“日月五星”，谓之“七政”。《尚书·尧典》中记载：“在璇玑玉衡，以齐七政。”宋蔡沈传云：“七政，日月五星也。七者，运行于天，有迟有速，犹人之有政事也。”这是因为古人错把日月也当成了行星。实际上，日为恒星，月为卫星。亦称作“七曜”。

中国古代的甲骨文中已有了关于木星的记载，战国时期就有了五星的说法。这五颗星最初分别叫辰星、太白、荧惑、岁星、镇星，这也是古代对这五颗星的通常称法。把这五颗星叫金、木、水、火、土，是把地上的五元素配上天上的五颗行星而产生的。《史记·天官书》中记载道：“天有五星，地有五行。”

知识小链接

《史记》

《史记》是由司马迁撰写的中国第一部纪传体通史。记载了上自上古传说中的黄帝时代，下至汉武帝元狩元年间共3000多年的历史。《史记》最初没有固定书名，或称《太史公书》，或称《太史公传》。三国时期开始称为《史记》。《史记》与后来的《汉书》（班固）、《后汉书》（范晔、司马彪）、《三国志》（陈寿）合称“前四史”。刘向等人认为此书“善序事理，辩而不华，质而不俚”。与司马光的《资治通鉴》并称“史学双璧”。

金星，古名“明星”“大嚣”“太白”。光色银白，亮度特别强。除了太阳和月亮外，金星是天空看起来最亮的天体。金星于黎明见于东方叫“启明”，黄昏见于西方叫“长庚”。《诗·小雅·大东》中说：“东有启明，西有长庚。”古人认为启明与长庚是两颗星，所以给它起了两个名字。其实它们都是金星，所不同的是出现的时间和位置不一样罢了。因为金星是内行星，运行比地球快。有时太阳还没有出地平线，它已比太阳先出地平线，因此能在早晨看到。因为它一出现，天就要亮了，所以叫“启明星”。汉时避景帝刘启讳，又把金星称为“开明”。有时太阳已经下山了，金星还出现在西方天空上，所以能在黄昏看到。这时的金星叫“长庚”。有时在白天也能看到金星，所以古书上有“太白昼见”的记载。

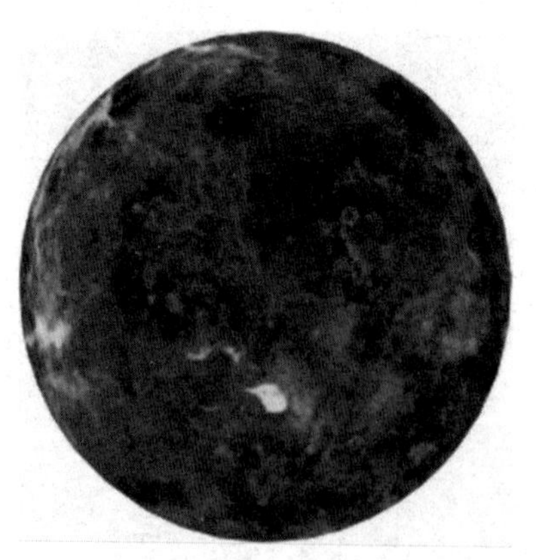

↑金　星

木星，古名“岁星”或“岁”，有人认为甲骨文中的岁字即指岁星。《史记·天官书》中提到的摄提、重华、应星、纪星等，都是岁星的别名。五星之中，古人特别注意对木星的观测。《淮南子·天文训》中记载道：“岁星之所居，五谷丰昌。其对为冲，岁乃有殃……故三岁而一饥，六岁而一衰，十二一康。”古人把木星的周期与农事联系起来，可能因为木星和太阳活动周期相近。古代中国称木星为“岁星”，取其绕行天球一周为十二年，与地支相同之故。

水星，古名“辰星”，离太阳最近，看上去总是在太阳两边摆动，离开太阳最远不超过三十度。我国古代把一周天分为十二辰，每辰约三十度，故称水星为“辰星”。在新出土的《五星占》中，水星还有一个为其他书所没有用过的名称“小白”。应该注意的是，先秦古籍中谈到天象时所说的水，并不是指行星中的水星，而是指恒星中的定星。

火星，古名“荧惑”。以其红光荧荧似火而得名。火星在天上的视运动，时而由西往东，时而由东往西，很迷惑人，故名“荧惑”。应该注意的是，古书上所说的火，指的是恒星中的大火，即心宿（特指心宿二）。《诗·七月》“七月流火”里的火，就是指心宿说的。《史记·天官书》中所说的火，才是指行星中的火星。火星又名“罚星”执法。《广雅·释天》中记载道，“荧惑谓之罚星，或谓之执法”。

土星，古名“镇星”。土星每约二十八年绕地球一周，每年进入二十八宿中的一宿，叫岁镇一宿，好像轮流坐着二十八宿一样，故名“镇星”。

神奇的地震仪

↑张　衡

地震仪是汉代天文学家张衡发明的。在张衡所处的东汉时代，地震比较频繁。据《后汉书·五行志》记载，自和帝永元四年（公元92年）到安帝延光四年（公元125年）的三十多年间，共发生了二十六次大的地震。地震区有时大到几十个郡，引起地裂山崩、江河泛滥、房屋倒塌，造成了巨大的损失。张衡对地震有不少亲身体验。为了掌握全国地震动态，他经过多年研究，终于在阳嘉元年（公元132年）发明了候风地动仪——世界上第一架地震仪。

在通信不发达的古代，地震后，地震仪为人们及时知道发生地震和确定地震大体位置有一定的作用。它有八个方位，每个方位上均有一条口含铜珠的龙，在每条龙的下方都有一只蟾蜍与其对应。任何一方如有地震发生，该方向龙口所含铜珠即落入蟾蜍口中，由此便可测出发生地震的方向。当时利用这架仪器成功地测报了西部地区发生的一次地震，引起全国的重视。这比起西方国家用仪器记录地震的历史早一千多年。据《后汉书·张衡传》记载，候风地动仪“以精铜铸成，圆径八尺”“形似酒樽”，上有隆起的圆盖，仪器的外表刻有篆文以及山、龟、鸟、兽等图形。仪器的内部中央有一根铜质“都柱”，柱旁有八条通道，称为“八道”，还有巧妙的机关。樽体外部周围有八个龙头，按东、南、西、北、东南、东北、西南、西北八个方向布列。龙头和内部通道中的发动机关相连，每个龙头嘴里都衔有一个铜球。对着龙头，八个蟾蜍蹲在地上，个个昂头张嘴，准备承接铜球。当某个地方发生地震时，樽体随之运动，触动机关，使发生地震方向的龙头张开嘴，吐出铜球，落到铜蟾蜍的嘴里，发生很大的声响。人们就可以知道地震发生的方向。

↑地动仪

公元138年2月的一天，张衡的地震仪正对西方的龙嘴突然张开，吐出了铜球。根据地震仪的设计原理，这就是报告洛阳的西部发生了地震。可是，那一天洛阳一点动静也没有，也没有听说附近有哪儿发生了地震。因此，大伙儿议论纷纷，都说张衡的地震仪是骗人的玩意儿，甚至有人说他有意造谣生事。过了几天，有人骑着快马来向朝廷报告，离洛阳500多公里的金城、陇西一带发生了大地震，连山体都有崩塌下来的。大伙儿这才信服。可是当时朝廷掌权的全是宦官或是外戚，像张衡这样有才能的人不但不会受到重用，反而遭到打击排挤。张衡做侍中的时候，因为与皇帝接触较多，宦官怕他在皇帝面前揭他们的短，就在皇帝面前讲张衡很多坏话加以陷害。后来张衡被调出了京城，到河间去当国相。

2004年8月，中国地震台网中心与河南博物院组成课题组，联合研究张衡地动仪新的复原模型并取得进展。该地震仪模型现陈列于中国历史博物馆。

古代历法的改进

我国古代历法的起源是很早的。原始的历法应该是和原始的农牧业同一时期产生的，早期的历法现在只留下各种传说，难以深入考究。成文的历法从周末到汉初的《古四分历》开始，经过多次的历法改革，在改革和斗争中不断进步和完善，达到了相当高的科学水平。《尚书·尧典》有“乃命羲和，钦若昊天，历象日月星辰，敬授民时”等记载。虽然《尚书》乃后人所托，并不足以证明古人当时已认识到每个回归年长度为366天，但是对于农事活动来说，“年”是最重要的周期。这是原始社会的人们从生产实践中得到的认识。我国古代的历法成就，在世界天文学史上占有相当重要的地位。

历法的起源

所谓历法，简单说就是根据天象变化的自然规律，来计量较长的时间间隔、判断气候的变化、预示季节来临的法则。

根据月相圆缺变化的周期（即朔望月）来制定的历法叫“阴历”。以地球围绕太阳的运转周期（即回归年）为根据而制定的历法，叫“阳历”。我国的古代历法，把回归年作为年的单位，把朔望月作为月的单位，是一种兼顾阳历和阴历的阴阳合历。

我国的历法起源很早，相传黄帝首创历法。最早的成文历法是出现于春秋末年的四分历，它是当时世界上最进步的历法。四分历规定19年7个闰月，十分精确地调整阴阳历，比希腊人发明这个方法要早160多年。

汉武帝太初元年（公元前 104 年）采用《太初历》，它是由西汉时期的民间天文学家落下闳创制的。它是自有科学历法以来，第一部资料完整的传世历法。它规定以正月为岁首，并首次引入了中国独创的二十四节气，首次计算了日月交食的发生周期。历中所采用的行星汇合周期的数值也较为准确。

↑朔望月

南北朝时期杰出的天文学家、数学家祖冲之编制了《大明历》，他首次引用了岁差，虽然数值精度不高，却是我国历法史上的一次重大改革。祖冲之在《大明历》中还采用了 391 年中设置 144 个闰月的新闰周，比古历的 19 年 7 个闰月更为精密。他推算的回归年日数为 365.24281 日（现测值 365.24220 日），交点月日数为 27.21223 日（现测值 27.21222 日），这些数值与现测值都很相近。

传统的阴阳历

我国古代的历法大都使用传统的阴阳历，但是所包含的内容却不仅仅是年、月、日时的安排，还包括日、月、五星位置的推算，日、月食的预报，节气的安排等。所谓“以闰月定四时成岁”是何意义呢？我国历法自秦汉以来，都是“阴阳合历”，它的历年取回归年（365.2425 日），历月则取朔望月（29.5306 日），由于这两数值都不是整数，历法家在制历时把这两个周期协调起来，使得每月初一为朔，每历年中的节气要符合实际气候以利生产。在春秋时期的历法已经协调得相当成功，并定出了置闰月的规则。《左传》记载了鲁僖公五年（公元前 654 年）正月辛亥和鲁昭公二十年（公元前 521 年）二月己丑两次“日南至”（冬至），由此可算出在这 133 年间有 49 个闰月，即 19 年 7 闰月。如以每年 12 个月计算，19 年 7 闰共 235 个朔望月，共 6939.69 日；而 19 个回归年等于 6939.60 日，两数十分接近。这称为“十九年七闰法”。以闰月定四时

成岁的根据即来源于此。

我国历法采用干支纪法。东汉以前只以纪日，建武三十年（公元54年）以后，始以纪年。至于干支纪日法，来源甚久。夏代可能已产生天干纪日法，即用甲、乙、丙、丁、戊、己、庚、辛、壬、癸十个字来纪日。夏代后期的几个帝王使用“孔甲”“胤甲”“履癸”等名号，可以为证。在河南安阳县西北小屯村发掘的殷墟卜辞甲骨文，已使用干支纪日法。有一块武乙时期（约公元前十三世纪）的牛胛骨，上面刻有完整的六十甲子，很可能是当时为计算日数所使用的干支表。根据考证，比较确切地知道：我国春秋鲁隐公三年（公元前720年）二月己巳，曾发生一次日食。我国的干支纪日法至迟从这年起，一直延续从未间断。

殷代称十日为一旬，六十为一周。甲骨文中还有“今日”“今夕”等词；称一旬以内的未来日为“翌”，一旬以外的未来日为“来”，过去的日为“昔”。可见当时对于日子先后的概念已很明确。此外，对每天的各个不同时刻，也有专门称呼。如“旦”即指清晨；“夕”，指晚上；“明”，指黎明；“中日”，指中午；“是日”，指下午；“昏”，指黄昏。同时又用“大采”表示“朝”，“小采”表示“夕”。这样，当时不但有纪日法，还有粗略的纪时法。

见于史书的纪时法，有《汉书·艺文志》中的“甲夜”名称。魏晋时则有“甲夜、乙夜、丙夜、丁夜、戊夜”的区分，这和后世的一更、二更、三更、四更、五更相似。不过纪夜用十干，而推论节气和日月交食都用十二支。这是因为古代把一日分为百刻，所以用十干比较方便，后来把一日分为十二辰，则以用十二支来表示十二时辰较为方便。又因为每一时辰为两小时，所以有子初、子正、丑初、丑

汉武帝

汉武帝刘彻（公元前156—前87年），汉朝的第七位天子，政治家、战略家。刘彻是刘邦的重孙、汉景帝刘启的第十子。7岁时被册立为皇太子，16岁登基，在位54年（公元前141—前87年），在位期间数次大破匈奴、吞并朝鲜、遣使出使西域。独尊儒术，首创年号。他开拓汉朝最大版图，功业辉煌。但是，汉武帝连年征战，耗尽了国库，导致民生凋敝，在位晚年发生农民暴动，并且在巫蛊案中冤杀无辜。公元前87年刘彻崩于五柞宫，享年70岁，被葬于茂陵。

正等的名称了。

我国历法中重视“朔”。西周初年可能还是以朏（阴历初三）为月首。在当时的国君每月初一（朔）要到庙里设祭，叫作“告朔”。但朔这天月亮不可见，需要根据“朏日”逆推。可是到了西周，已经能定出“朔”这一天了。《诗经·小雅·十月之交》：“十月之交，朔日辛卯，日有食之……彼月而食，则维其常。”据考证，这是记述周幽王六年（公元前776年）十月初一日发生的日食，也是我国明确记载“朔日”发生的最早一次日食。

我国历法对于岁首和历元，也很重视。岁首即“历年”的第一个月份。周历以“建子仲冬之月”（阴历十一月）为岁首，殷历以“建丑季冬之月”（阴历十二月）为岁首，夏历以“建寅孟春之月”（阴历一月）为岁首。秦用颛顼历，以“建亥孟冬之月”（阴历十月）为岁首。

历元，是历法中描述天象发生的起算时间；冬至作为一年的开始，朔旦作为一月的开始，夜半作为一天的开始。甲子日又是干支纪日周期的起始。古人治历的基本观念，首先注重历元，一定要以甲子那天恰好是夜半、朔旦、冬至作为起算的开始。除了这些标准之外，还要求“日月合璧，五星联珠”。这样，这个更理想的历元称为“上元”。“日月合璧”本来是日月同升的意思，古人以为这种天象不容易遇到，是祥瑞之兆。后来推广，只要日、月同一宫（和十二次中的“每一次”差不多）或对照（日、月在相对位置），都叫作“合璧”。

二十四节气是我国劳动人民的独创，从这点也可看出我国古代的生产和科学的发展水平是很高的。世界上也有很多国家使用过阴阳历，但是他们最多也只知道有二分二至。我国古代的历法所使用的数据都是很精确的，太阳月和阳历年之间关系的调节也达到了比较好的程度。这是我国古代历法优越的地方。

指南针的发明

在古代，各民族的先民们面对茫茫海洋，虽然有探险的愿望，但是由于技术的限制，总是无法如愿。即使以航海著称的古希腊人，也不过是在相对风平浪静的地中海海域称雄。其实，并非是由于造船技术限制了古人们的越洋交流，而是由于在海上无法辨别方向，虽然有可以横渡大洋的船只，也会在海上迷失方向，葬身海底。因此，指南针的发明可以说是给海船装上了眼睛，为航海业的发展提供了最基本的技术条件。

指南鱼的出现

对于在海上和陆地上定向的工具，中国的先民们有许多记载和传说。据说黄帝在与蚩尤交战时，曾经发明过“指南车”，可以在大雾弥漫的天气下准确辨别方向，不至于迷路。这可能是关于“指南”技术的最早的记载。但是，后人根据古书的记载，多次想重新制作“指南车”，却一直无法成功。因此，“指南车”之说是否确切，尚无定论。

利用磁铁的特性制造出的指南针，是中国人的伟大发明。指南针的发明可以追溯到周代，距今已有2500年至3000年的历史。大约在春秋战国时代，《韩非子·有度篇》里记载“先王立司南以端朝夕”，这里的“先王”是周王，“司南”就是指南针，“端朝夕”是正四方的意思，是指指南针的用途。在古代文献里还有记载郑人到远处采玉，要带上司南，才能不迷失方向。春秋时，托名齐国著名政治家管仲的《管子》一书中有这样记载：“上有慈石者，下有铜金。”“慈石”就是磁石，“铜金”就是一种铁矿。可见至少在2600年前的春秋时期，人们已经知道磁石的存在，并已掌握了磁石能够吸铁这一性能了。

磁石有两个特性：一是吸铁性；二是指极性。也就是说磁石有两极，能够指示南北。战国时代的中国人和古希腊的先民都已发现磁石的吸铁特性，而欧洲人发现磁石的指极性则比中国人晚得多。磁石能指示南北的特性，不太容易被发现。因为一般情况下磁力小、摩擦力大，磁石两极不能自由旋转到南北向。中国在战国时代最早发现了磁石的指极性，并利用磁石能指示南方的性能，制作成指南工具——司南。“司”字意为掌管，现在仍有“司机”“司炉”“司令”等词，这几个“司”字的本意都是相同的。

↑指南鱼

但是司南也有其局限性，用磁石制造司南，磁极不容易找准，而且在琢制勺的过程中，磁石因受震动而会失去部分磁性。再加上司南在使用时底盘必须放平，而且司南的体积也比较大，因此，继司南之后，中国人的祖先又制成了一种新的指南工具——指南鱼。

世界最早的指南针

按照现代科学的观点来看，古人是将钢片在炉火中烧红的方法使铁磁质中的磁畴活动起来，由于地球有磁性，把烧红的钢片沿着地球磁场的方向冷却，钢片在冷却时靠地球磁场的作用使磁畴有规律地排列，这条钢片鱼就有了极性，成了一条指南鱼。冷却时鱼尾向下倾，由于地球磁倾角的作用，可使磁性增强。

↑最早的指南针

由于地磁场的强度不大，所以指南鱼的磁性也很弱，古人渐渐觉得指南鱼的指南效果仍不理想。能不能有一种更理想的指南工具来代替指南鱼呢？就在钢片指南鱼发明后不久，又有人发明了用钢针来指南，这种磁化的

小钢针可算是世界上最早制成的指南“针”了。

沈　括

在科学技术方面取得了杰出的成就，北宋时期中国许多重大的科学发明，例如活字印刷、指南针等应用技术，都是借助于沈括的记载而得以流传的。指南针能指南，还必须为它创造一个可以自由转动的条件。

北宋著名科学家沈括（约1033—1097年），在他的《梦溪笔谈》一书中，提到了指南针的几种用法。

一是水浮法，把指南针放在有水的碗里，使它浮在水面，指示南北方向。二是指甲旋定法，把磁针放在手指甲上轻轻转动后，再来定向。三是碗唇旋定法，把磁针放在光滑的碗边通过旋转磁针来定向。四是缕悬法，在磁针的中部涂一点点蜡，用一根细丝线沾上蜡后，悬挂于空中指南。这种悬挂式指南针，必须在无风处使用，但使用起来比较方便。根据试验，沈括认为这四种方法中，缕悬法最实用。因为指甲和碗边上很光滑，指南针容易掉下去。而使用水浮法时，水若振荡，针就难以静止下来了。

↑沈括塑像

沈括在900年前提出的这四种方法，有的至今仍有实用价值，如现代的磁变仪、磁力仪的基本结构原理，就是采用了沈括所说的缕悬法原理。而航海中使用的重要仪表罗盘，也大多是根据水浮磁针这一原理设计而成的。

沈括还是世界上最早发现磁偏角的人。“磁偏角”是因为地球上的磁极和南极、北极稍微有一点偏差。指南针的南极和北极，沿磁子午线分别指向北磁极和南磁极，磁子午线和地理子午线是不一致的，它们之间存在着一个夹角，科学上叫作“磁偏角”。世界各地的磁偏角角度大小是不同的，有的偏东，有的偏西。沈括在《梦溪笔谈》第24卷中写道：“方家以磁石磨针锋，则能指南，然常微偏东，不全南也。”这是世界上现存最早的磁偏角记录。在西方，直到公元1492年哥伦布在横渡大西洋时才发现磁偏角这一现象，比沈括晚了400多年。

哥伦布远航

哥伦布，意大利航海家。一生从事航海活动。先后移居葡萄牙和西班牙。相信大地球形说，认为从欧洲西航可达东方的印度。在西班牙国王支持下，先后四次出海远航(1492—1504年)。开辟了横渡大西洋到美洲的航路。先后到达巴哈马群岛、古巴、海地、多米尼加、特立尼达等岛。在帕里亚湾南岸首次登上美洲大陆。考察了中美洲洪都拉斯到达连湾2000多千米的海岸线；认识了巴拿马地峡；发现和利用了大西洋低纬度吹东风，较高纬度吹西风的风向变化。证明了大地球形说的正确性。

指南针发明后，很快用于航海，对社会发展起到了重要作用。中国是最早把指南针用于航海事业的国家。从此，海船有了眼睛，再不会迷失方向。指南针把航海事业推进到了一个新的时代，促进了各国之间的经济贸易和文化交流。指南针传到世界各国以后，各国也都开始用指南针来帮助航海了。正因为指南针的发明，对人类社会的进步，起到了非常重要的作用，所以人们把它列为中国古代的四大发明之一。著名的英国科技史专家李约瑟指出：“指南针的应用是原始航海时代的结束，预示着计量航海时代的来临。”有了指南针，促进了中国航海事业的发展，才可能有郑和七下西洋的壮举。

指南针技术传入欧洲后，推动了欧洲航海事业的发展。十五世纪末到十六世纪初，欧洲各国航海家纷纷将指南针用于航海，他们不断探险，开辟新航路，发现了美洲，完成了环绕地球的航行。马克思曾这样说过：“指南针打开了世界市场，并建立了殖民地。”

造纸术的发明与传播

造纸术是我国的四大发明之一。纸张的发明和应用，对人类文明的进步起到了很大的推动作用。纸张不仅是书写的理想材料，也是印刷的理想材料，因此，纸张的发明为印刷术的发明提供了良好的条件。

造纸术的发明

公元 105 年，蔡伦在东汉京师洛阳总结前人经验，发明了造纸术。新的造纸术以树皮、麻头、破布、旧渔网等为原料造纸。大大提高了纸张的质量和生产效率，扩大了纸的原料来源，降低了纸的成本，为纸张取代竹帛开辟了广阔的前景，为文化的传播创造了有利的条件。关于蔡伦发明造纸见之古籍记载，《后汉书·蔡伦传》中说："自古书契，多编以竹简；其用缣者，谓之为纸。缣贵而简重，并不便于人。伦乃造意，用树肤、麻头及敝布、渔网以为纸。元兴元年，奏上之。帝善其能，自是莫不从用焉，故天下咸称蔡侯纸。"后世遂尊蔡伦为我国造纸术的发明人。

↑蔡　伦

东汉的许慎在中国第一部条理清楚、体系分明的字典《说文解字》里谈到“纸”的来源。他曾提到“纸”从“系”旁，也就是“丝”旁。可见当时的纸主要是用绢丝类物品制成。我们知道，中国是世界上最早养蚕织丝的国家。古人以上等蚕茧抽丝织绸，剩下的恶茧、病茧等则用漂絮法制取丝绵。漂絮完毕，篾席上会遗留一些残絮。当漂絮的次数多了，篾席上的残絮便积成一层纤维薄片，经晾干之后剥离下来，可用于书写。这种漂絮的副产物数量不多，在古书上称为“赫蹏”或“方絮”。这表明了中国造纸术的起源同丝絮有着密切关系。

↑西汉纸扇

现在也有一些文献记载了蔡伦之前就有纸张使用的例证。例如，在班固的《汉书》中，就记载了公元前12年用纸包药事例。特别是二十世纪以来在甘肃天水放马滩、敦煌马圈湾烽燧遗址和敦煌甜水井汉悬泉邮驿遗址出土的西汉纸，以现存实物证实了远在蔡伦发明造纸术之前，西汉就已出现了纸张。这大约比蔡伦发明造纸术要提前了170年左右。

从以上信息我们也可以看出，早在西汉时期就发明了纸张，但当时的纸张质量较差，不能用于书写，到了西汉后期，纸张的质量才有所提高。而蔡伦正是在此造纸术的基础上，对原材料、工艺进行了改进，制造出了质量很高的纸，特别是蔡伦扩展了造纸的原料，而且为以后广用各种植物纤维造纸提供了参考。

早期纸张的使用

蔡伦所造的纸已经能满足书写的要求，对于蔡伦来说，造纸的目的就是用来取代木牍、竹简、缣帛等书写、记录文字的材料，由于纸质轻、价格低等优点，得到了广泛的应用。

东汉末年，山东人左伯以造纸精美而闻名，当时的书法家都十分推崇左伯的纸。这就是说，在东汉末年，造纸技术已经超过了蔡伦时期的造纸。公元二世纪至公元前四世纪，是竹简、缣帛和纸张并用的时期，由于纸张的质量和产量不断提高，纸张作为写字用的材料，使用的比例也越来越大，在这个时期，纸张已成为文人不可缺少的写字材料。

早期的造纸方法

有关中国古代造纸的方法，历史上记载很少，但就纸的制作工艺及其原理，迄今两千年来，并无多大实质性变化。总结起来可归纳为以下几点：一是将砍伐来的植物，比如麻类植物，用水浸泡，剥其皮，再用刀剁碎，放在锅里煮，待晾凉后再行浸泡、脚踩，用棍棒搅拌，使其纤维变碎、变细。二是掺入辅料，制成纸浆。三是用抄纸器（竹帘之类）进行抄捞、晾干，即可制成为纸。

↓造纸方法

公元404年，东晋桓玄帝曾下令废简用纸，使纸的应用日益推广和普及。蔡伦之前虽然有纸，但这无损于蔡伦作为重大改良者和完善造纸术发明者的丰功伟绩。蔡伦的发明创造，使纸进入了实用阶段，并迅速、广泛地推广开来，为完善印刷术和促进印刷术的发展提供了物美价廉而又易得的承印物。蔡伦的功绩和他伟大发明家的光辉形象是不容抹杀的。

造纸术的传播

在蔡伦改进造纸术后不久，朝鲜和越南就有了纸张。朝鲜半岛各国先后都学会了造纸的技术。大约公元四世纪末，百济在中国人的帮助下学会了造纸，不久高丽、新罗也掌握了造纸技术。此后高丽造纸的技术不断提高，到了唐宋时，高丽的皮纸反向中国出口。西晋时，越南人也掌握了造纸技术。公元610年，朝鲜和尚昙征渡海到日本，把造纸术献给日本摄政王圣德太子，圣德太子下令推广到全国，后来日本人民称圣德太子为“纸神”。

中国的造纸技术也传播到了中亚的一些国家，并从此通过贸易传播到达了印度。造纸术传入阿拉伯是在公元 751 年，当时唐安西节度使高仙芝率部与大食（即阿拉伯帝国）将军沙利会战于中亚重镇怛逻斯（今哈萨克斯坦的江布尔），激战中，由于唐军中的西域军队发生叛乱，

蔡 伦

蔡伦（约公元 61—121 年），字敬仲，东汉桂阳郡人。我国四大发明中造纸术的改造者。永平末年（公元 75 年）入宫为宦官。历任小黄门、中常侍兼尚方令、长乐太仆等职。元初元年（公元 114 年），安帝封其为龙亭侯（封地在今陕西省洋县龙亭铺镇），食邑三百户。蔡伦为人敦厚谨慎，关心国家利益，曾"数犯严颜"，匡弼时政。勤奋好学，办事专心尽力。

唐军大败，被俘唐军士兵中有从军的造纸工人。因此被俘的唐军造纸工匠可以为阿拉伯人造纸，沙利将这些工匠带到中亚重镇撒马尔罕，让他们传授造纸技术，并建立了阿拉伯帝国第一个生产麻纸的造纸场。从此，撒马尔罕成为阿拉伯的造纸中心。可见，阿拉伯最早的造纸工场，是由中国人帮助建造起来的，造纸技术也是由中国工人亲自传授的。十世纪造纸技术传到了叙利亚的大马士革、埃及的开罗和摩洛哥。在造纸术的流传中，阿拉伯人的功劳不可忽视。

造纸术——尤其是东汉蔡伦改进的造纸术，是书写材料的一次革命，它便于携带，取材广泛，推动了中国、阿拉伯、欧洲乃至整个世界的文化发展。有了文字之后，最重要的就是要有一个很好的载体。古代埃及人利用尼罗河的纸草来记述历史；在古代的欧洲，人们还长时间地利用动物的皮比如羊皮来书写文字；而中国，在造纸术发明以前，甲骨、竹简和绢帛是用来供书写、记载的材料。但是甲骨、竹简都比较笨重，秦始皇一天阅读的奏章，就要整整一车；绢帛虽然轻便，但是成本非常昂贵，也不适于书写。到了汉代，由于西汉的经济、文化迅速发展，甲骨和竹简已经不能满足发展的需求了，从而促使了书写工具的改进——纸被发明出来了。造纸是一项重要的化学工艺，纸的发明是中国在人类文化的传播和发展史上，所作出的一项十分宝贵的贡献，是中国史上的一项重大的成就，对中国历史也产生了重要的影响。

火药的发明

火药，又被称为“黑火药”。是在适当的外界能量作用下，自身能进行迅速而有规律地燃烧，同时生成大量高温燃气的物质。火药在军事上主要用作枪弹、炮弹的发射药和火箭、导弹的推进剂及其他驱动装置的能源，是弹药的重要组成部分。火药是中国四大发明之一，也是人类文明史上的一项杰出的成就。

火药的历史

我国现在看到的第一部记载火药配方的书，约成书于八九世纪。书中说“以硫黄、雄黄合硝石，并密烧之”，会发生“焰起，烧手面及火尽屋舍”的现象。这里的“密”应该是蜂蜜的“蜜”。蜜加热能变成炭。硫黄、硝石与炭混合，这就是火药的配方。

火药的发明是人们长期炼丹、制药的实践结果，至今已有一千多年的历史。炼丹术起源很早，《战国策》中已出现关于不死之药的说法。汉武帝妄想长生不老，向民间广求丹药，招纳方士，并亲自炼丹。从此，炼丹成为风气，开始盛行。历代都出现炼丹方士，也就是所谓的炼丹家。炼丹家的目的是寻找长生不老之药，但炼丹术流行了一千多年，还是一无所获。不过，炼丹术所采用的一些具体方法还是有可取之处的，它显示了化学的原始形态。

炼丹术中很重要的一种方法就是“火法炼丹”。它直接与火药的发明有关系。所谓“火法炼丹”大约是一种无水的加热方法，据晋代葛洪的记载，火法大致包括：煅（长时间高温加热）、炼（干燥物质的加热）、灸（局部烘烤）、熔（熔化）、抽（蒸馏）、

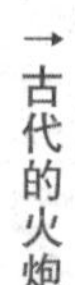

→古代的火炮

飞（又叫升，就是升华）、优（加热使物质变性）。这些方法都是最基本的化学方法，这也是炼丹术能够产生发明的基础。炼丹家的虔诚和寻找长生不老之药过程中受到的挫折，使得炼丹家不得不反复实验和寻找新的方法。这样就为火药的发明创造了条件。在发明火药之前，炼丹过程中就已经得到了一些人造的化学药品，如硫化汞等。这可能是人类最早用化学合成法制成的产品之一。炼丹起火，启示人们认识并发明了火药。

火药的发明

火药的发明具有一定的偶然性。炼丹家对于硫黄、砒霜等具有猛毒的金石药，在使用之前，常用烧灼的办法“伏”一下，“伏”是降伏的意思。使毒性失去或减低，这种手续称为“伏火”。唐初的名医兼炼丹家孙思邈在“丹经内伏硫黄法”中记有：硫黄、硝石各二两，研成粉末，放在销银锅或砂罐子里。掘一地坑，放锅子在坑里和地平，四面都用土填实。把没有被虫蛀过的三个皂角逐一点着，然后夹入锅里，把硫黄和硝石起烧焰火。等到烧不起焰火了，再拿木炭烧火来炒，炒到木炭消去三分之一，就退火，趁还没冷却，取出混合物，这就伏火了。

唐朝中期有个名叫清虚子的人，在“伏火矾法”中提出了一个伏火的方子：“硫二两，硝二两，马兜铃三钱半。右为末，拌匀。掘坑，入药于罐内与地平。将熟火一块，弹子大，下放里内，烟渐起。”他用马兜铃代替了孙思邈方子中的皂角，这两种物质都是代替炭起燃烧作用的。伏火的方子都含有碳素，而且伏硫黄要加硝石，伏硝石要加硫黄。这说明炼丹家有意要使药物引起燃烧，以去掉它们的

猛毒。

虽然炼丹家知道硫、硝、碳混合点火会发生激烈的反应，并采取措施控制反应速度，但是因药物伏火而引起丹房失火的事故时有发生。《太平广记》中有一个故事，说的是隋朝初年，有一个叫杜春子的人去拜访一位炼丹老人。当晚住在那里。半夜杜春子梦中惊醒，看见炼丹炉内有“紫烟穿屋上”，屋子燃烧起来。这可能是炼丹家配置易燃药物时疏忽而引起火灾。还有一本名叫《真元妙道要略》的炼丹书也谈到用硫黄、硝石、雄黄和蜜一起炼丹失火的事，火把人的脸和手烧坏了，还直冲屋顶，把房子也烧了。书中告诫炼丹者要防止这类事故发生。这说明唐代的炼丹者已经掌握了一个很重要的经验，就是硫、硝、碳三种物质可以构成一种极易燃烧的药，这种药被称为“着火的药”，即火药。由于火药的发明来自制丹配药的过程中，在火药发明之后，曾被当作药类。《本草纲目》中就提到火药能治疮癣、杀虫，辟湿气、瘟疫。

火药不能解决长生不老的问题，又容易着火，炼丹家对其并不感兴趣。当炼丹的配方由炼丹家转到军事家手里，就成为中国古代四大发明之一的黑色火药。根据推断，火药的发明和炼丹家有很大关系，发明的时间可能在唐代以前。由于炼丹家喜欢保守秘密，导致火药发明的具体年代至今仍无定论。

中国发明了火药首先运用于制造烟火，不久后就将其运用于军事，并发明了世界上第一支火箭。在宋代中国火药的军事运用已经相当成熟，使得中国的科技遥遥领先于世界。火药传到了外国，被用于制造枪、炮、坦克、飞机等作战用品。

活字印刷术的产生

印刷术是中国古代的四大发明之一，是中国古代劳动人民经过长期实践和研究发明的。活字印刷的方法是先制成单字的阳文反文字模，然后按照稿件把单字排列在字盘内涂墨印刷。自从汉朝发明纸以后，书写材料比起过去用的甲骨、简牍、金石和缣帛要轻便、经济多了，但是抄写书籍还是非常费时费力的，远远不能适应社会的需要。至迟到东汉末年的熹平年间（公元172—178年），出现了摹印和拓印石碑的方法。大约在公元600年前后的隋朝，人们从刻印章中得到启发，在人类历史上最早发明了雕版印刷术。

雕版印刷的出现

毛笔和墨的发明，使得读书人不仅能读书还能书写，不必像刀笔时代那样需要一个刻写匠随时侍候，而且更方便记录自己的思想。春秋以前，我国历史上虽然不乏大政治家、大思想家，但没有一人亲自著书，原因就在这里。

秦朝蒙恬发明了用石灰水浸毛而去除毛表面的斥水物质的方法，促使毛笔的制作技术最终定型，毛笔才真正成为书写工具。至此，古人找到了书写流利、省时省力的书写方法，使书写不再是一件苦差事，读书人闲暇之余也会写上几笔，并且力图写得漂亮，甚至互相比试以博一笑，这样就开创了书法艺术的先河。秦朝的李斯是有史以来第一位大书法家，也说明了当时的笔墨技术的成熟。

汉字结构复杂，每个人写的字都会不同，有的秀丽美观，有的粗鄙丑陋，促使人们追求书法艺术。提高书法技能的重要途径是模仿好的书法作品，但是

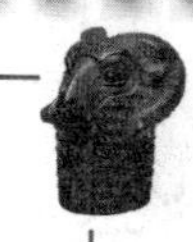

←雕版印刷之印版

写字好的人，一般都是书吏之类，其大部分作品一般是政府公文，一般人很难见到。古代盛行石碑刻文，找写字好的人写成底文再由石匠刻出，是人们练习写字的最好模本。石碑笨重，不能带回家中继续模仿。西汉晚期已出现纸张，但那时的纸张纤维粗糙，着墨性能差，主要是代替布用作包裹、衬垫之物，也有偶尔在包装纸上写字记事的现象，如悬泉（或者是居延）遗址发现写有药名的纸张。造纸技术先是借鉴我国早已成熟的缫丝技术，把纤维物质浸于水中捣碎以分散纤维，将碎纤维捞出摊晾而成，纤维粗、纸质厚，书写性能差，未能广泛用作书写材料。东汉和帝时的蔡伦改革造纸法，制出薄而均匀、纤维细密的新型纸，大大提高了纸的书写性能，纸的主要用途才被转向书写。

纸张薄而软，使得书法练习者们想出仿照印章盖印拓印碑文方法，带回家模仿，即“拓片方式”。纸的发明，使拓印成为可能，使每个书吏都能练就一手好字，也造就了三国及晋代大批书法家的出现。西文字母文字结构简单、字母数量少而且用硬笔书写，可以写得很花哨，但无艺术可言。人们写好几十个字母后，就可以大量写字，没有拓片模仿他人字迹的需求，纸能写字就行了，没有对造纸术的需求，所以西方人没有发明造纸术的社会基础。隋炀帝创建科举制度，用写文章的办法选拔官员，写得一手好文章的人就能当官。传播好的文章的要求又在社会上出现，专业抄书匠们为了大量复制好文章，仿照拓片技术大量复印，后又结合印章阳文反书法，创制雕版印刷术。其出现的年代大约在盛唐至中唐之间，盛行于北宋，最后由布衣毕昇发明泥活字而成熟。

活字印刷术的发明

在活字印刷术发明以前，当时就有了雕版印刷。雕版印刷是在一定厚度的平滑的木板上，粘贴上抄写工整的书稿，薄而近乎透明的稿纸正面和木板相贴，字就成了反体，笔画清晰可辨。雕刻工人用刻刀把版面没有字迹的部分削去，就成了字体凸出的阳文，和字体凹入的碑石阴文截然不同。印刷的时候，在凸起的字体上涂上墨汁，然后把纸覆在它的上面，轻轻拂拭纸背，字迹就留在纸上了。到了宋朝，雕版印刷事业发展到全盛时期。

↑毕　昇

雕版印刷对文化的传播起了重大作用，但是也存在明显缺点：第一，刻版费时、费工、费料；第二，大批书版存放不便；第三，有错字不容易更正。

沈　括

沈括（1031—1095 年），字存中，号梦溪丈人，杭州钱塘（今浙江杭州）人，北宋科学家、改革家。晚年以平生见闻，在镇江梦溪园撰写了笔记体巨著《梦溪笔谈》。沈括是我国历史上最卓越的科学家之一。沈括精通天文、数学、物理学、化学、地质学、气象学、地理学、农学和医学；他还是卓越的工程师、出色的外交家。

北宋平民发明家毕昇总结了历代雕版印刷的丰富的实践经验，经过反复试验，在宋仁宗庆历年间（1041—1048 年）制成了胶泥活字，实行排版印刷，完成了印刷史上一项重大的革命。

毕昇的方法是这样的：用胶泥做成一个个规格一致的毛坯，在一端刻上反体单字，字画突起的高度像铜钱边缘的厚度一样，用火烧硬，成为单个的胶泥活字。为了适应排版的需要，一般常用字都备有几个甚至几十个，以备同一版内重复的时候使用。遇到

↑胶泥活字

昇的胶泥活字版印书方法，如果印量较少，不算省事，如果印成百上千份，工作效率就极其可观了，不仅能够节约大量的人力、物力，而且可以大大提高印刷的速度和质量，比雕版印刷要优越得多。现代的凸版铅印，虽然在设备和技术条件上比宋朝毕昇的活字印刷术改进了很多，但是基本原理和方法是完全以活字印刷术为依据的。活字印刷术的发明，为人类文明作出了重大贡献。中国的平民发明家毕昇的功绩不可磨灭。毕昇创造活字印刷术的事迹，比较完整地记录在北宋著名科学家沈括的名著《梦溪笔谈》里。

生僻字，如果事前没有准备，可以随制随用。为便于拣字，把胶泥活字按韵分类放在木格子里，贴上纸条标明。排字的时候，用一块带框的铁板作底托，上面敷一层用松脂、蜡和纸灰混合制成的药剂，然后把需要的胶泥活字拣出来一个个排进框内。排满一框就成为一版，再用火烘烤，等药剂稍微熔化，用一块平板把字面压平，药剂冷却凝固后，就成为版型。印刷的时候，只要在版型上刷上墨，覆上纸，加一定的压力就行了。为了可以连续印刷，就用两块铁板，一版加刷，另一版排字，两版交替使用。印完以后，用火把药剂烤化，用手轻轻一抖，活字就可以从铁板上脱落下来，再按韵放回原来木格里，以备下次使用。毕昇还试验过木活字印刷，由于木料纹理疏密不匀，刻制困难，木制活字沾水后变形，以及和药剂粘在一起不容易分开等原因，所以没有被采用。毕

毕昇发明活字印刷，提高了印刷的效率。但是，毕昇的发明并未受到当时统治者和社会的重视，他死后，活字印刷术仍然没有得到推广，他创造的胶泥活字也没有保留下来，但是他发明的活字印刷技术，却得以流传。1965 年在浙江温州白象塔内发现的刊本《佛说观无量寿佛经》，经鉴定为北宋元符至崇宁（1100—1103 年）年活字本，这是毕昇活字印刷技术的最早历史见证。

中医的产生与发展

人类历史上一切科学知识的产生和发展，都与生产劳动有着密切的关系，都是在人类同大自然的斗争中积累起来的，中医知识也不例外。中医产生于人类劳动生活的实践，原始的医药卫生，是原始人类长期与自然和疾病做斗争的经验积累，正是这些早期经验，为以后中医的发展和中医基本理论的形成打下了基础。

中医的产生

在原始社会初期，生产力非常低下，人们不懂得耕作收获，只是从自然界寻找现成的东西拿来充饥，“饥则求食，饱既弃余”。人类在采集野菜、种子以及植物根茎充饥的时候，有可能吃到一些有毒植物，而发生头痛、呕吐、腹泻等情况，甚至可能昏迷、死亡。也可能因吃了某种植物正在腹泻时，无意中吃了另一种植物，腹泻缓解了。这样天长日久，人们就逐渐懂得哪些东西可以吃，哪些东西不能吃。甚至可以有意识地寻找某些能治病的植物。经过长时间的实践总结，医药就出现了。神农尝百草的传说，正是人民群众这种实践的反映。鲁迅先生在《经验》一文中说道：“大约古人一有病，最初只有这样尝一点，那样尝一点，吃了毒的就死，吃了不相干的就无效，有的竟吃到了对症的就好起来了。于是知道这是治疗某一种病痛的药。这样的积累下去，乃有草创的记录，后来渐成为庞大的书，如《本草纲目》就是。”鲁迅先生的这段话，可以说是人类发现药物过程的生动描述。

除了发现药物以外，外治法的出现大体也经历了这样一种体验摸索

的过程。在原始社会中，人和动物杂处一起，难免引起搏斗导致外伤，当采集和猎取食物时，因碰撞、跌倒或由高处坠下而引起的身体损伤也会经常出现，当这些外伤出现时，人们有可能不自觉地抚摩、揉搓患处以减少疼痛，或者随手用泥土、树叶、苔藓等敷在患处止血，久而久之，也就发现了可以减轻疼痛或可以止血的东西。这就是外治法和推拿术的起源。

至于针灸疗法的出现，恐怕为时更早。考古学家曾不止一次地在出土的文物中发现了一种叫作“砭石”的石器，据考证，它是用来刺破痈肿排脓放血或刺激身体某部位治疗疼痛的工具，是新石器时代的产物。后来的金属针和刀就是从砭石发展来的。

灸法的出现，则是在火的发明之后。人们用火烤制食物时，难免被火灼伤局部皮肤，可能偶尔发现，某个部位皮肤经高温烘烤，反而会减轻某些病痛，这种经验的日积月累，人们便有意识地点燃某种植物茎叶，来灼烤身体的某些部位以治疗疾病。在内蒙古一带，流传着一个有关熨法和灸法起源的传说：古代有一位老牧人，经常腰腿疼痛，找不到治疗方法。有一次，他上山牧羊，山上很冷，他便烤火取暖，接着在刚烧过火的石头上睡了一觉，那热乎乎的石头，挨着疼痛的腰腿部位，他感到很舒服，随后疼痛居然减轻了很多，接着他又在烧过的石头上睡了几次，腰腿痛病居然好了。老人把这一发现告诉周围的人，人们互相传说，反复试用，于是大家逐渐懂得了灸法、熨法等能够治病的常见方法。

中医的发展

相传，中医学发展始于中华民族的共同祖先——黄帝。黄帝手下有个驯养动物的能手叫王亥，一次，王亥不慎打伤了一只母熊的一条后腿，按说应该将受伤的母熊宰杀吃肉。可是，

↑扁　鹊

王亥希望母熊再生小熊，便把它放回到了山林。后来，有狩猎者发现这只母熊很特别，它会使劲用前爪挖掘黄土地里的白色草根。每挖出一撮，就放在嘴里嚼一阵，然后吐出来，用前掌轻轻涂抹在后腿的伤痕处。猎人感到奇怪，并没有惊动母熊，回去以后就把母熊挖草根治伤的事报告给了黄帝。黄帝从这件事情上，知道了自然界有许多东西是可以用来治病疗伤的，就命令雷公和岐伯，经常留意观察和搜集飞禽走兽、草木花卉的治病疗伤情况，进行研究、做试验，直到最后，确认什么东西可以治什么疾病。由黄帝亲自把这些信息整理出来，刻制成医书，名曰《祝由科》。从此，中国乃至世界的第一部医书诞生了。

随着医学知识的不断丰富和发展，后世对相对粗糙的《祝由科》进行了去粗取精、去伪存真、增删补遗、纠偏矫斜等一系列加工整理，逐渐形成了后来的《灵枢》《素问》两部医书，把这两部书合在一起，就成了《黄帝内经》。也有人把《祝由科》中的药物部分，进行整理挖掘和编辑，编写成后来的《雷公药性赋》。所以，《黄帝内经》是中国最早的医书，《雷公药性赋》是中国最早的药书。医药之间互相联系，又互相区别，成为两门关联紧密的学问。

中医学到了春秋战国时期，出现了一个大名鼎鼎的神医扁鹊，即秦越人。他徒步跋涉，遍游列国，悬壶济世，治病消灾，医治了众多的疑难病症。所谓“入虢之诊”“望齐侯之色”等，都表现了他在看病、治病中，高超的“望诊”能力。他还以《灵枢》《素问》为基础，总结自己的临床实践，编纂了一部大书，叫《难经》。故中国清代著名医学家陈修园先生说：“灵枢作，素问详。难经出，更洋洋。”从《难经》开始，中国医学就成了有医学理论、有医学典籍、有医疗实践的古代正式医学科学。

到了汉代，有一年在长沙太守张仲景任上，数以百计的家人遭受了病魔之患。熟读医书，深谙医学之道的张仲景，经过对众多家人病情的守候、观察、试验、治疗和深入思考，发现和验证了人体存在的“六经”。即太阳、阳明、少阳，太阴、少阴、厥阴。他把“六经”分置于人体上下的手和脚，泛称“十二经”。他发现，“十二经”都与人的脏腑紧密相连。比如“手太阳”为“小肠经”，“手少阳”为“三焦经”，“足太阴”为“肺经”，“足厥阴”为“肝经”等。他发现了“中风”“伤寒”等不同病邪的不同属性。发现了病邪在脏腑、经络中的传播条件、变化规律、错综复杂的临床表现以及治疗原则。在治疗上，他创

↑张仲景

建了“桂枝汤”“麻黄汤”等众多处方，经过引申和辨析，确立了桂枝汤、麻黄汤中的药物品种和剂量，辨析出了进行配伍、禁忌、汇合、替换以及酌量加减的规律和法则。并且写出了《伤寒杂病论》，简称《伤寒论》。在这个基础上，张仲景又对“外感风寒”之外的内科病症，按照“六经”理论予以研究，写成了千古名著《金匮要略》。

《伤寒论》和《金匮要略》都是中医学的经典著作。这两部经典，在《黄帝内经》的基础上，在经络与脏腑的关系上，在理法方药各个方面，都丰富和发展了中医学，把中医学推向了一个新的高峰。张仲景本人，也被后人尊为“医圣”。后来，医界把《伤寒论》和《金匮要略》中的处方，命名为“景方”。比如，现在我们常用的、对提高人体免疫力非常有效的“六味地黄丸”，就是张仲景创造的一个代表性“景方”。同时，张仲景的《伤寒论》《金匮要略》还传到了朝鲜，又漂洋过海带到了日本，被日本人称作“汉医”，作为主流医学，为日本人治病疗伤。自张仲景以后，历朝历代的医学家层出不穷，各种医籍也相继问世。其中，三国年间的华佗，是人们最熟知的大医学家。相传，他发明了“麻沸散”，可以将人麻醉，然后做手术，治疗疾病。可惜的是，华佗的精湛医术没有能够传承下来。

魏晋时期的王叔和，著有《脉经》。王叔和为中医的脉学理论，进行了精到的研究，做出了具体的阐释，成为中医脉学第一人。唐代“药王”孙思邈，在发现一些新的中药品种、明确性道、功效、巡行脏腑经络的前提下，对中药的配伍禁忌和配方，提出了新的、明确的理论，著有《大医精诚》《千金方》等，为世代流传。此后，百姓敬称孙思邈为“药王”。直到现在，中国的许多名山大川中，还保留着一些祭祀孙思邈的“药王庙”，那里面供奉的，就是“药王”孙思邈。

拓展阅读

华佗

华佗（约公元145—208年），东汉末医学家，字元化。华佗与董奉、张仲景并称为“建安三神医”。学术界普遍认为华佗是安徽省亳州市谯城区人。他医术全面，尤其擅长外科，精于手术，被后人称为“外科圣手”“外科鼻祖”。他还精通内、妇、儿、针灸各科。他曾用“麻沸散”使病人麻醉后施行手术，是世界医学史上应用全身麻醉进行手术治疗的最早记载。他又仿虎、鹿、熊、猿、鸟等禽兽的动态创作名为“五禽戏”的体操，教导人们强身健体。后因不服曹操征召被杀，所著医书《青囊书》已佚。今亳州市有“华佗庵”等遗迹。

金元时期，中医学、中药学，从理论到实践，都出现了空前的繁荣，涌现了著名的医学“四大家”。“四大家”之一的李东垣，认为“胃是仓廪之官，治节出焉”，饮食不节、伤害脾胃，是危害身体健康的根源，所以他专门著述了《脾胃论》《内外伤辨惑论》《兰宝秘藏》等，对后来医学有一定影响；“四大家”之一的朱丹溪，从古老的阴阳学说中，明晰了“肾水亏损”是某些疾病的根源，悟出了“阳常有余，阴常不足”的理论，对一些虚弱病症主张“滋阴补肾”。著有著名的医学典籍《格致余论》。

明代的李时珍是一位中药学大家，他把几乎所有中药，全都编进《本草纲目》，对其形状、性味、药性、功效、所入经络脏腑，作了详尽的说明。他还是一位继王叔和之后的又一位著名脉学家。他著述的《频湖脉学》，对王叔和的《脉经》进行了发展，发现和补充了一些新的脉象。为便于学习掌握，他的《频湖脉学》，用文学的、诗词般的语言，生动地阐释脉象，使其非常形象而逼真。比如他对“浮脉”描述道：“浮如木在水中浮。如循榆荚，如捻葱叶，如水漂木。”又以“体状诗”的形式写道：“浮脉唯从肉上行，如循榆荚似毛轻；三秋得令知无恙，久病逢之却可惊。”李时珍之后，明代还有一位大名医叫张景岳。张景岳出身富贵，博学多才，出任皇家御医，主要为皇室和王公贵族诊病。所见病机多为虚损，所以他喜欢用滋补之剂，力主温补。特别针对朱丹溪之“阳有余、阴不足”中的疏漏和偏颇之

处，进行再研究，创立了“阳非有余，真阴不足”的新学说。同时，他还创制了许多著名的补肾方剂，对后世产生了较大影响。因其用药偏于温补，世称王道。著有《类经》《景岳全书》等。

←孙思邈

远古时期中国就产生了朴素的哲学思想，黄帝提出了天人思想。西周初期，周文王父子总结了前人的哲学思想，编制出《易》书，后世称之为《周易》。到了春秋，在学术上百花齐放，百家争鸣，产生了儒家、道家、农家、兵家、杂家等思想。老子把以前的哲学智慧系统化以后归结为《道德经》。因此后人把黄帝与老子的思想合称为“黄老之学”。随着历史的发展，儒家和道家的思想影响了一代又一代的王朝统治者，他们在不同的历史时期都无一例外地继承了儒家和道家的治国方略。

第五章

古文明之哲学与艺术

儒家哲学的形成

孔子，名丘，字仲尼。鲁国陬邑（今山东曲阜）人。春秋末期大思想家、大教育家，儒家学派创始人。他的言论和生平活动记录在由他的弟子或再传弟子编成的《论语》一书中。

《论语》是中国古代文化的经典著作。在孔子以后几千年的中国历史上，没有哪一位思想家、文学家、政治家不受《论语》中思想的影响。不研究《论语》，就不能真正把握中国几千年的传统文化，也不能深刻理解古代中国人的内在的心境。

儒家的“天”“人”思想

在孔子之前，商代和周代，天命论是流行的观念，也就是把“天”看成是有意志的人格神。孔子也受到天命论的影响。但孔子在多数时候是将天看作是自然界。孔子有一句有名的话：“天何言哉？四时行焉，百物生焉。”意思是说，天是不会说话的，天以四时运行和万物生长作为它的言说。

↑天命论

这里的“天”就是自然界。这个自然界不是机械的、没有生命的、与人分离的，而是一个大生命世界，是一个生命创造的自然过程。人的生命是这个大生命世界的一部分，人与自然是一个整体。

孔子以生命创造来解释天，这在他那个时代是一种新的思想。孔子认为，天的言说就是生命创造的自然过程。天的根本意义是“生”。这就是“天道”。所以后来的《易传》说：“生生之谓易。”《易传》发挥了孔子的思想。天是一切生命之源，因而也是一切价值之源。这就是“天德”。所以《易传》说：“天地之大德日生。”这也是发挥孔子的思想。天，作为生命创造的自然过程的载体，它包含有一种内在的目的，就是生长万物，养育万物，保护生命，完善生命。天养育了人，人有责任来实现这个目的，这是人的神圣使命，也就是“天命”。从这里就产生了人生的意义，使人生具有一种使命感。

孔子说的“天”保存有某种神圣性，但是这种神圣性是与天作为生命创造之源联系在一起的。孔子要求人们对天保持一种敬畏的心理。他说君子应该“畏天命”，这种敬畏也是与天作为生命创造之源联系在一起的。君子应该倾听天的言说，实践天的言说。所以要珍惜生命，爱护生命，完善生命。

在孔子的影响下，古代中国人形成了对天的敬畏和信仰。在古代中国人心目中，天是最高的存在，天具有神圣性。人不能穷尽天的奥秘。但是这个天并不像基督教的上帝那样是超自然的、有意志的人格神，而是生生不息的自然界，也就是一个大生命世界。天以生为“道”，生而又生，创造又创造，生生不息；天以生为“德”，以生命创造作为一切价值的源泉；天又以生为“命”，或者说以生为“心”，也就是把生长万物、养育万物作为神圣的目的。人是万物之中最有灵性的，应该体天之心以为心，珍惜生命，爱护生命。如果相反，“不知天命而不畏”，虐杀生命，残害生命，那就会受到天的惩罚。孔子说：“获罪于天，无所祷也。”就是说，得罪了天，祷告是没有用的。这就是古代中国人对天的敬畏和信仰，它体现了古代中国人的精神信仰。

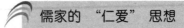

儒家的“仁爱”思想

孔子的学生樊迟问什么是“仁”，孔子回答说：“爱人。”这是孔子对“仁”的最重要的解释。“爱人”，是一种普遍的爱。孔子又强调“爱人”作为一种普遍的道德原则，必须由爱

自己的父母开始。孔子不相信一个不爱自己父母的人能去爱普天下的人。所以孔子说“孝悌”是“仁之本”。《中庸》引孔子的话：“仁者，人也，亲亲为大。”这里的“亲亲”，也就是指爱父母。孔子多次提到子女对父母应该有爱心。他说：“父母在，不远游，游必有方。”就是说，父母活着的时候，子女不能远走高飞，即使要跑出去，也要有限度。这句话的实质，并不是限制子女的活动，而是希望子女要懂得父母的心，不要使父母对自己过分思念和牵挂。因为子女如果远走高飞、没有音讯，父母就会思念和牵挂。子女应该以父母之心为心，这就是孝。孔子又说：“父母之年，不可不知也。一则以喜，一则以惧。”就是说，父母的年龄，做子女的不能不常常想到，一方面为父母健康长寿而庆幸，另一方面又为父母逐渐年老体衰而忧虑。

孔子这些话，在今天仍然作为主流价值观被倡导。

孔子的“仁”，就是由“亲亲”出发，推广为普遍的爱。实现的方法就是“忠恕之道”。忠即“己欲立而立人，己欲达而达人”，就是说，自己有什么欲求，要想着别人也有这样的欲求；在满足自己的欲求的时候，要想着使别人这样的欲求也能被满足。恕即“己所不欲，勿施于人”，也就是说，自己不愿意别人这样对待自己，就不要用同样的方法对待别人。这就是推己及人，由亲及疏，由近及远，由家庭到社会，从而达到“泛爱众而亲仁、博施于民而能济众”的普遍的爱。后来孟子说：“亲亲而仁民，仁民而爱物。”这是对孔子思想的一个很好的概括，就是从爱父母开始，一直推广到爱天地万物。这就是“仁”。

今天，孔子说的“己所不欲，勿施于人”，仍被认为是人类应该共同遵守的“黄金规则”。

儒家的“礼仪”思想

“礼”是社会生活中的礼仪、制度、规范。其中孔子最重视的是丧礼和祭礼。丧礼、祭礼的精神就是孔子的一位学生说的“慎终”（慎重送别死去的父母）“追远”（追怀自己的祖先）。孔子认为这是从人的情感产生的。他说，“子生三年，然后免于父母之怀”，意即子女生下来，要三年才能脱离父母的怀抱，因此子女对父母自然有一种爱慕之情。父母死了，这种爱慕之情和思念之情就表现为子女为父母服丧三年的礼。所以“礼”是出于人“亲亲”的真实情感。

孔子重视“礼”，首先是为了维护社会的秩序，保持社会的安定与和

谐。《论语》说：“礼之用，和为贵。”这是孔子的一位学生说的话，但它是孔子的思想。礼的作用就是为了在社会生活中，保持人与人的关系的和谐。

孔子重视“礼”，还有一种哲学的味道，那就是要使人生体现一种对生命的无限和永恒的追求。人的生命是有限的，而自然界是生生不息的，大生命世界是无限的、永恒的。人通过父母与子女世代相续，生命得到绵延，个人有限的生命就和自然界无限的生命联系在一起，从而实现个体的人对于生命永恒的追求。丧礼、祭礼可以使人真切地体验到人的生命的这种永恒延续的过程，使人在有限的人生中感受到人生的价值和意义，从而得到一种形而上的慰藉。

儒家的“教育”思想

在孔子之前，“学在官府”，受教育的权利为贵族阶层所垄断。孔子在中国历史上首开私人讲学之风气。他长期从事教育工作，据史书记载，他有弟子三千，其中通六艺的有七十二人。孔子是伟大的教育家，被后人尊称为“至圣先师”。

↑孔子像

在孔子看来，教育的根本目标是把受教育者培养成有完美人格、有高尚精神境界的“君子”，从而能够承担重大社会责任，能够对社会做出贡献。孔子说：“志于道，据于德，依于仁，游于艺。”这是孔子教育思想的总纲。教育的目标是使受教育者以行“道”作为自己的理想，提升精神境界。这个精神境界的实质就是“仁”。这里说的“艺”是指

"六艺"，即"礼、乐、射、御、书、数"。这是当时学习的具体科目，其中包括智育、体育、美育，但最重要的是德育。孔子的学生很多，他们从事多种多样的职业，有的从政，有的从商，有的从教，有的从事外交，有的从事宗庙祭祀，有的从事文献整理，但是不管从事什么职业，孔子认为最重要的是要提高人文修养，培养高尚的品德。

孔子很重视美育。他说："兴于诗（《诗经》），立于礼（《周礼》），成于乐。"意思是说，学习《诗经》，可以感发人的精神，使人产生美感；学习《周礼》，可以使人的行为得到规范，成为一个文明的人；学习乐（音乐），可以使人的精神得到升华，感受人生的乐趣，达到一种快乐的境界。孔子又说："知之者不如好之者，好之者不如乐之者。"意思就是说，一个人对于崇高的道德目标（"仁"），仅仅有理论上的认识是不够的，仅仅有追求的愿望也是不够的，必须达到一种乐于追求的状态，那才是最高的境界。

知识小链接

《诗经》

《诗经》是中国最早的诗歌总集。收入自西周初年至春秋中叶大约五百多年的诗歌。先秦称为《诗》，或取其整数称《诗三百》。西汉时被尊为儒家经典，始称《诗经》，并沿用至今。汉朝毛亨、毛苌曾注释《诗经》，因此又称《毛诗》。《诗经》中的诗的作者，绝大部分已经无法考证。其所涉及的地域，主要是黄河流域，西起山西和甘肃东部，北到河北省西南，东至山东，南及江汉流域。

孔子有一次和几位学生在一起，他要学生们谈谈各自的志向。子路、冉有希望有机会治理一个国家，公孙赤希望做一名礼仪官。曾点说他的追求和以上三位同学不一样。孔子说："那有什么关系，不过各人谈谈自己的志向罢了。"于是曾点就说出了自己的志向："莫春者，春服既成，冠者五六人，童子六七人，浴乎沂，风乎舞雩，咏而归。"意思是说，在暮春时节，穿着春天的服装，和五六位成年人、六七位少年，在沂水边游泳，在舞雩台（古代祭天祈雨的地方）上吹吹风，然后唱着歌回家。孔子听了说："我还是比较赞同曾点的追求啊！"这是很有名的一场对话。孔子这四位学生所谈的

不同的志向，反映出他们不同的人生境界。孔子的话表明，尽管他十分重视一个人要为社会做贡献，但是在他心目中，一个人最高的精神境界，应该是一种人与人和谐、人与天（自然）和谐的境界。

受孔子的影响，中国历代思想家都强调，一个受教育者，一个学者，不仅要重视提升自己的知识和学问，更重要的是要拓宽自己的胸襟，提高自己的涵养，提升自己的精神境界，也就是要不断追求一种更有意义和更有价值的人生。很多现代学者认为，人生境界的学说，乃是中国传统哲学中最有价值的内容。这种人生境界的学说，就发端于孔子的教育思想。

无为的道家哲学

老子，又称老聃、李耳，是春秋时期楚国人，中国古代哲学家和思想家，道家学派创始人。其被唐皇武后封为太上老君，是世界百位历史名人之一。《老子》大约成书于公元前6世纪，据说他曾做过朝廷中很小的文官（管理周王朝的图书），但学问很高，孔子曾经千里迢迢赶去向他问学。这当是中国有记载以来两位最伟大的哲学家的相会。

《老子》又称《道德经》，只有五千多个汉字，共81章，分为道篇和德篇两部分。虽然简短，但它在中国文化发展中的作用却很大：以它为基础，中国古代产生了与儒家并列的哲学派别——道家；根据它的思想，中国古代产生了以老子为始祖的宗教派别——道教，这是华夏民族本土产生的最具影响力的宗教。《老子》的思想直接影响了中国人的民族特性、思维倾向和审美趣味。直到今天，《老子》还在参与塑造这个民族的思想。《老子》在十五世纪左右就开始被介绍到欧洲，它是译本最多的中国古代哲学著作之一。老子哲学的核心是自然无为，围绕这一核心，老子提出了许多极富启发意义的观点。

往复回环的思想

老子说：“反者道之动。”这里所说的“反”，有两层含义，一是“相反”的“反”，二是“复返”的“返”。两层意思又互相关联，反映出老子哲学的独特智慧。在阐述相反相成的思想时，老子习惯采用“正言若反”的思路。老子说：“天下皆知美之为美，斯恶已；皆知善之为善，斯不善已。故有无相生，难易相成，长短相形，高下相倾，音声相和，前后相随。是以圣人处无为之事，行不言之

教。万物作焉而不辞。”

老子认为，美和丑、善和恶都是相对而言的，人们说这个东西是美的，

↑老　子

就有个丑的概念相比衬。有和无、难和易、长和短、高和低、前和后等都是如此。但老子认为，人们对事物相反相成的看法，并不是世界本身所具有的，而是人所赋予的。“万物作焉而不辞”——万物自在生长，而不加干预，万物生长只是自然而然，本身并没有大和小、尊和卑的区别。在老子看来，世界的高下美丑，是人的判断。人给世界作判断、分高下，乃至确定世界的意义，其实是对真实世界的误解。即如美丑而言，当天下人知道追求美的时候，就有了美丑的区分，就有了分别的见解。老子并不反对人们追求美，但他认为这种追求美的方式，并不能得到真正的美。真正的对美的欣赏，是对美和丑的超越。

由此可见，老子的意思并不是强调事物相反相成、互相转化，那种将老子哲学等同于黑格尔辩证哲学的说法是没有根据的。老子是通过对人的认识活动的分析，来否定知识判断的意义，从而宣扬他的所谓“反”的第二层意思：往复回环的生命之道。老子说：“玄德深矣远矣，与物反矣，然后乃至大顺。”这里的“反”，不是相反，而是“返”，是往复回环、流动不已的生命。老子哲学的最高概念“道”的根本特性就是“反”，就是归复于自然而然、无往不复的生命流动世界。他形容“道”“独立而不改，周行而不殆”，正是这个意思。

老子的“道”是不加分别的，是一种“大制”，不同于一般知识的分辨。这个“大制”是不能分割的，所以说是“混成”，老子将这称为“大制不割”。老子说：“知其荣，守其辱，为天下谷。为天下谷，常德乃足，复归于朴。朴散则为器，圣人用之则为官长：故大制不割。”“道”是“朴”——就是没被打破的圆融世界，在这里没有知识，没有分别，没有争斗，就像清澈的溪涧和流动的山气，

空灵而涵盖一切。这就是老子所说的“不割”的“大制”——他所谓世界的最高存在形式。

老子在“反者道之动”的哲学中，通过“反”的两层意思强调，人们不能为相反而成的事物表象所遮蔽，而要破除知识的妄见，切入往复回环的生命之道中，这才是发现生命意义的根本途径。

拓展阅读

老子少时好学

老子自幼聪慧，静思好学。少时家里为他请一位精通礼乐的商容老先生做他的老师。商容通天文地理，博古今礼仪，深受老子一家敬重。一日，商容教授道：“天地之间人为贵，众人之中王为本。”老子问道：“天为何物？”先生道：“天者，在上之清清者也。”老子又问：“清清者又是何物？”先生道：“清清者，太空是也。”“太空之上，又是何物？”先生道：“太空之上，清之清者也。”“之上又是何物？”“清之清者之上，更为清清之清者也。”老子又问：“清者穷尽处为何物？”先生道：“先贤未传，古籍未载，愚师不敢妄言。”夜晚，老子以其疑惑问其母，母不能答；问家将，家将不能言。于是仰头观日月星辰，低首思天上之天为何物，彻夜不能寐。

无为而无不为的思想

老子说：“道法自然。”“自然”是老子哲学最重要的概念之一，它并非指外在的自然物，而指一种自然而然、顺应世界的态度。

老子强调，世界上一切事物都有它的“性”，有其自身运行的规律，鸟儿在天上飞，鱼儿在水中游，白云飘荡，花开花落，一切都是自然而然的，并不依人的意志而运作，所谓“独立而不改”，人不要强行改变它。老子将“自然”和“人为”对立起来。“人为”是对“自然”的破坏，“人为”即“伪”，是不真实的。老子告诫人们，放下左右世界的欲望，顺应自然，这样才是解决人与世界冲突的根本途径。“无为”作为老子哲学的重要概念，是对“自然”的保护。没有“无为”，也就没有“自然”。老子说：“无为而无不为。”意思不是说什么都不做，消极等待事情的成功。而是说，

人的一切事业应该在顺应自然的基础上去做，不能强行改变自然的节奏。老子反对“人为”，并不是否定人的积极创造，而是反对破坏自然节奏的盲目的乱为。老子所提倡的创造，是契合自然精神的创造。

↑老子圣像

我们从老子的“大巧若拙”的说法中，即可看出他的自然无为思想的精髓。“大巧”，就是最高的巧。“大巧若拙”的意思是，最高的巧看起来像是不巧，最高的巧其实就是拙。“大巧若拙”，不是一般的技巧，一般的技巧是凭借人工可以达到的，而“大巧”是对一般技巧的超越。

老子以这最高的巧为“天巧”，它自然而然，不劳人为。从技术的角度看，它是笨拙的，没有什么“技术含量”；但从天然的角度看，它是最大的巧。在老子看来，技术之巧，才是真正的笨拙，耍弄小巧，最终适得其反。因为人有了弄巧的心，就会不真实，心灵不真实就不能自然而然表现。这样的巧是对自然状态的破坏，也是对人的和谐生命的破坏。

老子哲学的继承者庄子讲了一个“散木”的故事：有个木匠到齐国去，看见一棵栎树生长在社庙旁边，被奉为“社神”。这棵树大得难以形容，围观的人多极了，木匠连看都不看一眼，径直向前走。他的徒弟却为它神迷，看后跑着追上师傅，问道：“自跟随师傅以来，从没见过这样好的大树，而您却看都不看，这是为什么?”木匠说：“这是没用的散木，因为无用，所以它才能有这么长的寿命。”这种“散木”的智慧，就是“拙”，就是无为。它是自然的，所以能保全生命。

自然不争的思想

老子从他的自然无为哲学出发，对于人的行为方式，提出了“以柔弱胜刚强”的观点。老子的时代充满了连绵不绝的战争，思考战争，成为当时思想界的重要课题。反对战争也成为那个时代的主流思想，如提倡“不战而屈人之兵”的孙子思想，提倡“兼爱”而抨击攻伐的墨子思想，提倡仁政、反对征战的孟子思想。老子“以柔弱胜刚强”的哲学，则从一个新的角度思考战争形成的根由。

老子认为，战争是由人的欲望膨胀所引起的，为了满足欲望而产生争斗，争斗的升级，便酿成了战争。正因此，老子哲学的立足点在“不争”。老子认为，争强好胜，是衰落的根源；而清静无为，则可以合于自然无为的生命之道。老子说“上善若水”——水具有最高的善。老子以水来作比喻，突出他的“不争”哲学思想，与恶意争斗的丛林法则相区别。老子说：“水善万物而不争。”水的最高的德行就是“不争”。在老子看来，人往高处走，水往低处流。人情受欲望驱动，好高而恶下，而水却永远地往下流淌。水是生命之源，可以滋润万物，给大地带来生命，没有水也就没有生命。水作出巨大的贡献，又不计较自己的得失。水在最低、最平、最静之处，包容天下一切，映照万物。

老子哲学并不是弱者的哲学，他的哲学充满了力量感。老子认为，水在柔弱宁静中，积聚了强大的力量，可以冲破世界上的一切障碍。他说：“天下莫柔弱于水，而攻坚强者莫之能胜。”水是柔弱胜刚强的典型。水因为不争，不为利欲所驱动，所以能无往而不胜。

老子说：“知其雄，守其雌。”意思是说，知道了刚强，却要立足于柔顺。老子并不是一个喜欢失败的人。但他认为，要使自己变得强盛，不是靠恃强凌弱，而是要从弱处做起，像水那样，在低处凝聚力量。放弃逞强的欲望，是逐步变得强盛的根本途径。

在老子看来，柔弱不仅是获得强盛之道，也是保全生命之道，柔弱是生命的象征。他打了一个比方：人活着的时候，他的肌体是柔弱的，到了死的时候，肌体就变僵硬了；植物也是这样，有生命的植物，绿叶摇曳，花儿绰约，等到它枯萎，就显得枯硬。老子用这样的比喻说明，坚守柔弱之道，其实就是保全生命。人类能够奉行“柔弱”之道，正是避免争斗的最好方式。

复归“婴儿”的思想

在老子看来，这世界熙熙攘攘，为名为利，吵闹不休，而他却走着另外一条路，追求淡泊、宁静，面对各种诱惑，心里不起一点波澜。老子称他宁愿做刚刚出生的婴儿。这不是说他愿意年幼无知。他说“圣人”——具有最高德行的人，个个都是婴儿，人的修养的最高境界，就是回到婴儿

的状态，“复归于婴儿”。

婴儿的状态，无知，无欲，纯净，真实。老子的婴儿状态就是拥有“童心”“赤子之心”。婴儿脱离母亲子宫的第一声啼哭，是那样的清脆响亮，老子认为这才是真实生命的呼唤。人来到世界上，随着身体渐渐长大，接受社会的习惯，获得外在的知识。原来洁净的心灵，渐渐涂上混乱的颜色，人越来越成熟，也越来越虚假。人被文化所熏陶的过程，其实就是渐渐失落真性的过程。

在老子看来，文明在一定程度上，就是对“本色”的背离。人类文化的发展，可以说是“装饰”的过程：语言是对交流的“装饰”，衣服是对身体的“装饰”，房屋是对居住方式的“装饰”，国家政治是对人类组织方式的“装饰”，等等。这种“装饰”，常常引起欲望的膨胀。在欲望的驱使下，人们互相倾轧，争夺不休，战争也骤然而起。老子打了一个比方说，自然之道，是损有余而补不足；而人世正好相反，是损不足而补有余，越是贫穷的人群，越是去掠夺他。

这种欲望的膨胀，不但破坏了外在的世界，也毒害了人的心灵。老子说：“五色令人目盲，五音令人耳聋，五味令人口爽，驰骋畋猎，令人心发狂……”意思是说，漂亮的颜色迷乱了人的眼睛，嘈杂的音乐损伤了人的耳朵，贪恋于世上的美味，最终破坏了口味，整天纵马打猎，使人心发狂。欲望扰乱人宁静的心灵，人们在欲望的大海中泅渡，最终会被淹没。

古代书法艺术

书法在诸艺术门类中，最具中国独特性。世界上，只有在中国文化和伊斯兰文化中，书法才成为一门举足轻重的艺术。只有在中国文化中，书法才象征了人之美和宇宙之美。

铭文艺术

在殷商铭文中，已有整段的文字。这些文字除了远古时期特有的神圣意义之外，它是按美的方式来铭刻每一个字和安排整个章法布局的。同是一横一竖，一字之中，字字之中，字字之间，皆有差别；字字之流动，行行之排列，都是上下前后照应。严格地说，书法作为一门艺术是在汉末魏晋时期出现的。这时出现了以书法为纯艺术的书法家，如蔡邕、张芝、钟繇等。在书写工具笔墨纸张改进的基础上，书法艺术的笔墨技巧也达到成熟。起笔之藏露，运笔之迟速，转折之方圆，收笔之锐钝各有讲究，多姿多彩。蔡邕“骨气洞达”，张芝“血脉不断”，钟繇“每点多异”，王羲之“万字不同”。自此之后，中国书法随时代的前进浪峰迭起，奇景不断，蔚为大观。

书法艺术

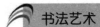

中国书法从字体类型上分为篆、隶、楷、草、行五类，每一类都有自己独特的风貌。篆属古文字，与隶、楷、草、行在字形上不同。篆、隶、楷是一字自成一体，行、草则可两字连写，草书则往往数字甚至一行连成。不同的字体有不同的结构特征、用笔特色和整体神貌。篆书古雅，隶书丽姿，楷书雅正，行书流丽，草书飘逸。书法作为艺术又反映书法家的个人风格，所谓“字如其人”。“钟繇书如云

鹄游天，群鸿戏海，行间茂密，实亦难过。王羲之书字势雄逸，如龙跳天门，虎卧凤阙，故历代宝之。蔡邕书骨气洞达，爽爽如有神力；韦诞书龙威虎振，剑拔弩张。”（摘自南朝梁武帝萧衍《古今书人优劣评》）书法作为艺术还反映整个时代的审美风貌。晋人尚韵，唐人尚法，宋人尚意，明清尚态，已成为古今谈论历代书法艺术特色的定论。现代美学家宗白华说，西方艺术整体风格的变化可以从建筑的变化上显示出来，而中国建筑在各时代的变化不明显，但中国有各时代美学特征各异的书法。晋人尚韵，以王羲之的行书为代表，从书法的风貌可以使人领会晋人的诗歌、散文、绘画、园林的风貌。唐人尚法，以颜真卿、柳公权的楷书为代表，从中又可联想到杜甫的诗、韩愈的文、吴道子的画。宋人尚意，以苏轼、黄庭坚、米芾、蔡襄为代表，从其字可以贯通于宋诗的平淡、宋画的远逸、宋词的清空。明清尚态，无论是浪漫派徐渭，帖学派董其昌，还是碑学派郑燮都有明显表现，又与戏曲小说中的市民性、世俗风相暗通。

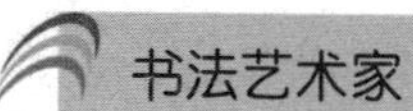

书法艺术家

中国最伟大的书法艺术家是王羲之、颜真卿、张旭等人。王羲之行书代表作《兰亭集序》等，中锋起转提按，以豪为之，线条如行云流水，字体结构极尽变化，风流潇洒之至。颜真卿楷书代表作《颜勤礼碑》等，笔势开张，宽舒圆满，深厚刚健，方正庄严，雍容大度。张旭是草书之圣，代表作《古诗四帖》等，其书简直就是舞蹈、音乐，“伏如虎卧，起如龙跳，顿如山峙，控如泉流”。评者只有赞颂、没有批评的，书法史上，唯张一人。

↑王羲之

中国书法之所以成为一门重要艺术，在于它与中国文化之道紧密相连。在中国，“道”是一切具体事物的根本，通过一切事物表现出来，但又非由具体事物所能穷尽。书法是反映自然的，“夫书，肇于自然”（蔡邕《九势》），但不是反映自然之形，而是反映自然之象。在古文中，形是质实具体的，象则是在物之中不能质实以求的东西。“为书之体，须人其形，若坐若行，若飞若动，若往若来，若卧若起，若愁若喜，若虫食木叶，若利剑长戈，若强弓硬矢，若水火，若云雾，若日象，纵横有可象者，方得谓之书矣。”（蔡邕《笔记》）或如张怀瓘《书断》所说：“善学者乃学之于造化，异类而求之，固不取乎原本，而各逞其自然。”书法作为一种字的造型，它什么都不模仿，从一点一横到一个个字都既超然象外，又得其环中。“横，如千里阵云。……点，如高峰坠石。”（卫夫人《笔阵图》）但横与点又不是阵云和坠石，却得阵云与坠石之象，得阵云与坠石之意。书法家作书的创造过程，也就是深刻领悟中国文化之道的过程。在中国，宇宙是一个气的宇宙，与之相合的是线的艺术。书法的线之流动犹如天地间气之流行，气之流行而成物，线之流动而成字。书法之线的世界与宇宙之气的世界有了一个相似的构成。中国艺术中，文学、

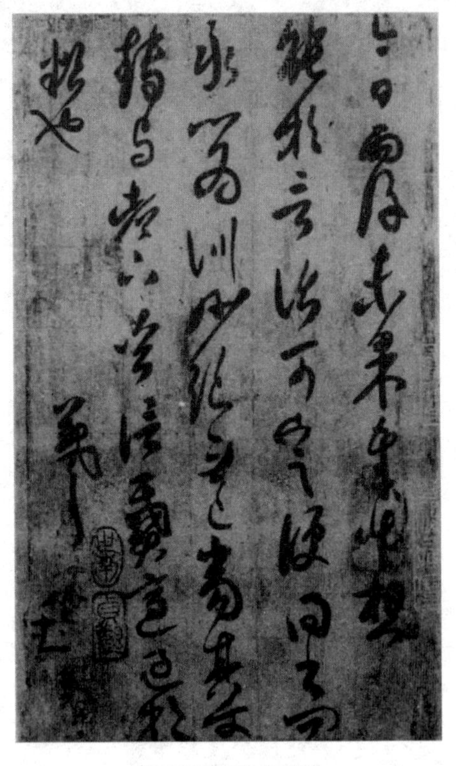

↑王羲之书法

绘画、音乐、建筑，都含有线的意味，但只有在绘画之线与书法之线中，才能更好地体会出中国艺术中“线之美”的特色。纸为白，字为黑，一阴一阳。纸白为无，字黑为有，有无相成。纸白为虚，字黑为实，虚实相生。中国书法由中国文字、书写工具和文化思想而形成了一个独特的艺术世界。

古代绘画艺术

中国古代的彩陶和青铜纹饰，确定了中国绘画整体着眼以线为主、平面构图的基本原则。秦瓦当和楚漆画、帛画，都注重人或物的整体形象在画中的位置，具有与韩非的画论和秦兵马俑相通的“写实”性。汉代“席卷天下，包举宇内”的气魄，使汉画像石、画像砖具有汉赋一样的填满画面、线条飞动的满、实、多、动的风神。魏晋六朝是中国绘画的形成期。“以形写神”的人物画，以顾恺之为代表；使人可“澄怀味象”的山水画，以宗炳、王微为代表；另外，随着佛寺佛窟的大量建立，产生了宗教壁画，以敦煌壁画为代表。自此，至唐宋时期，绘画艺术不断丰富又不断变化。但其总风格——散点透视，以线为主，以形写神，又完全在中国古代文化的范畴之内。

古代绘画的类别

中国古代绘画大体上可分为宫廷绘画、文人绘画、宗教绘画、市民绘画和民间绘画五类。

宫廷绘画有两类：有政教实用性的一类，即绘具有榜样性的文臣武将和历代帝王，如我国唐代阎立本的历代帝王图；也有闲适性的一类，体现所谓“内圣外王”，身在朝廷之中，心存江湖之远的旨趣。宋代宫廷画院的山水花鸟画很典型，这类画与文人画相互交叠，但其审美理想是不同的，宋代画论的神逸之争典型地反映了这一点。

文人绘画主要是表现士大夫的情趣，它是随士大夫自己的境遇变化，而不是紧跟朝廷的政治伦理要求，有六朝玄学的心境，宗炳之画体现闲情；

↑福寿图

有以佛教为归旨，王维的画充满禅意。宋代文人“寄至味于淡泊”，他们创造的文人画笔简形具，离形得似，唯心所出。

宗教绘画在寺库与石窟之壁，画的是佛道人物和佛经道教故事。除一些著名画家如吴道子参与外，多为匠人所绘制，艺术性不高。但随着宗教在不同时代人心中的变化，壁画也反映出各自的审美风貌。南北朝的壁画，如敦煌壁画中的割肉贸鸽，舍身饲虎，反映的是佛教初来时带着的印度佛教色彩的心态：面对大苦大难的宁静和崇高。唐代壁画那众多的西方净土世界，反映的是佛教汉化后所具有的中国式的宗教心态：想把现实的欢乐在未来延续的愿望。五代以后壁画则多了世俗性、民间性、戏剧性。

市民绘画主要是指小说戏曲读本中的插图。在世情小说中有各种生活图画，特别是在艳情小说中，以前绘画中极少有的裸露乳房、全裸体图也间有出现。

知识小链接

割肉贸鸽

割肉贸鸽是一个佛教故事，当年帝释天王为了试探萨波达王，因此命令边境护守的王将毗首羯摩天化作一只鸽子，帝释则变成大鹰，凶猛地紧跟在鸽子后方，穷追不舍。鸽子一路惊慌地飞到萨波达王座前请求保护。同时鹰也紧追而至，要王交出鸽子。萨波达王见状，不肯交出鸽子，反而劝大鹰不要杀生，但是大鹰说道：“国王您说要救度一切众生，但是今天如果您断绝了我的食物，我同样也活不下去。难道，我就不属于一切众生吗?”于是萨波达王立即抽刀而出，从自己身上割下与鸽子等重的一块肉，交给老鹰，用来交换鸽子的性命。

民间绘画主要与民间习俗有关，如财神、门神、送子图、福寿图之类，反映一般民众趋福避害的心理。

宫廷绘画的主要追求是精巧，其最佳载体是彩墨画。文人绘画的要旨是抒情达意，其艺术高峰是水墨画。宗教绘画的目的是解释宗教内容，多为彩色壁画。市民绘画与表现市民性的小说故事内容相连，在版面上达到妙境。民间绘画负载下层民众的愿望，年画为其重要表现形式。

《韩熙载夜宴图》

《韩熙载夜宴图》是五代大画家顾闳中所作，这幅画卷不仅是一幅描写私人生活的图画，更重要的是它反映出了那个特定时代的风情。由于作者的细微观察，不放过任何一个细节，把韩熙载家中宴会的情景描绘得淋漓尽致，画面里的所有人物的音容笑貌栩栩如生。在这幅巨作中，画有四十多个神态各异的人物，蒙太奇一样地重复出现，各个性格突出，神情描绘自然。《韩熙载夜宴图》从一个生活的侧面，生动地反映了当时韩熙载在被南唐统治阶级猜疑下不得已而选择的自保的生活场面。画家用惊人的观察力，和对主人公命运与思想的深刻理解，创作出这幅精彩作品。

绘画的美学原则

绘画的美学原则主要有：

（1）散点透视的“游目”。正像西画的焦点透视与西方文化认为从第一原理即可以推出整个体系一样，中国文化否认有一个最后视点，只有仰观俯察、远近往还才能味象观道。因此，只有游目才能使绘画按照中国文化认为最正确的方式“以一管之笔，拟太虚之体”（南朝宋文学家王微《叙画》），使画家避免了在一个固定观察点的局限，从而可以用文化宇宙的法则和能够体会这文化宇宙法则的心灵去组织对象，表现自己想表现的任何东西。南唐人物画家顾闳中《韩熙载夜宴图》，北宋画家张择端《清明上河图》，南宋画家夏圭《长江万里图》，皆以散点透视为特征。

（2）以大观小。中国文化相信宇宙有一个“道”，中国绘画也相信有一个最佳视点，只是这视点不是“焦点”，而是“天眼”，即画家要站在一个宏伟的高度，俯察游观自己所表现的对象。因此，中国画家很少去写生，而是“收尽奇峰打草稿”。这样，作画运思时，就处于一个以大观小、一切了然的境地。这样虽然就细部而言，他是“身所盘桓，目所绸缪，以形写形，以色貌色”（南朝宋画家宗炳《画山水序》），但一切细部都是从“天眼”去看的，与中国诗人的“乾坤千里眼，时序百年心”（杜甫）有异曲同工之妙。散点透视是从结构的具体性上讲“游目”，以大观小则是从画面的统一性上讲“游目”，进一步体现在构图上。

（3）遗貌取神。画是一个小宇宙，所谓天眼，就是要注意画的整体和谐，任何细部都必须符合整体性。陕西省博物馆藏两幅竖长方形石刻画，一为《达摩东渡》，一为《达摩面壁》。《达摩东渡》中画的达摩全身行走像，《达摩面壁》画的达摩打坐。两幅画的头一样大，但《达摩东渡》的身高仅比《达摩面壁》上身略长一点。以《达摩东渡》

→达摩东渡

论，达摩身高仅1.5米；以《达摩面壁》论，则为1.8米。这说明在中国画里，人体比例并不重要。重要的是人体长短与整个画面的比例，图画多大决定头部面积多大才恰到好处，身之长短可依其与整个画面的比例来决定。虽然人之外形因此而离形、变形，但却使整个画面获得了和谐的效果。这就是中国美学常讲的“离形得似”。

（4）游目式的笔、色二墨。中国画是用线去表现一个空间，这个空间不像其他非西方文化那样是平面的，而是有深度的，但又不是西画的深度那种科学几何式的三维。中国画的深度在吴道子式的白描中，是靠线的浓淡枯湿来形成的。由于散点透视使色彩不可能像西画那样显出色的丰富变化和色与色之间的相互影响，因而中国的彩画是平面色彩，即一人衣服是红色，就全涂成红色。但中国的深度空间又使画家意识到了光的作用，中国式的光效应主要用水墨画中的墨来表现。各种墨的皴法都是用来表现物体背光的暗部。正因为墨对深度空间和立体事物的巨大表现力，使得中国画中水墨画高于彩色画，也高于纯线条的白描画。

古代建筑艺术

中国古代建筑，从有据可依的西安半坡圆形住房和大方形房屋始，就一直与人们的文化观念和与之相应的审美趣味紧密相连（“天圆地方”正是中国古代的宇宙观念），尔后又随着文化的发展而逐渐丰富。从远古至东汉，主要是以帝王为核心的宫室、苑囿、庙社、陵墓等一整套宫廷建筑体系的发展和完成。从东晋始，表现士大夫情趣的私家园林开始风行。从南北朝始，寺庙建筑大量修建。因此，中国古代建筑大体上可分为四大类型：宫殿、陵墓、寺庙和园林。

宫殿建筑艺术

宫殿建筑以皇宫为代表，其目的，如荀子所论，是要显示帝王之威，因

→宫殿建筑

此有高、大、深、庄四大特点。中国古代宫殿建筑采取严格的中轴对称的布局方式，古代宫殿建筑物自身也被分为两部分，即“前朝后寝”：“前朝”是帝王上朝治政、举行大典之处，“后寝”是皇帝与后妃们居住生活的所在。洛阳偃师二里头商代早期宫殿遗址是现知最早的宫殿，以廊庑围成院落，前沿建宽大院门，轴线后端为殿堂。殿内划分出开敞的前堂和封闭的后室，屋顶可能是四阿重屋（即庑殿重檐）。整个院落建筑在夯土地基上。以后，院落组合和前堂后室（即前朝后寝）成了长期延续的宫殿布局方式。

荀子

荀子（约公元前313—前238年），名况，字卿，汉族，因避西汉宣帝刘询讳，因“荀”与“孙”二字古音相通，故又称孙卿。战国末期赵国人。著名思想家、文学家、政治家，儒家代表人物之一，时人尊称“荀卿”。曾三次出任齐国稷下学宫的祭酒，后为楚兰陵（今山东兰陵）令。荀子对儒家思想有所发展，提倡性恶论，常被与孟子的性善论比较。对重整儒家典籍也有相当的贡献。

阿房宫是秦王朝的巨大宫殿，遗址在今西安西郊15公里的阿房村一带，为全国重点文物保护单位。据《史记·秦始皇本纪》记载：“前殿阿房东西五百步，南北五十丈，上可以坐万人，下可以建五丈旗，周驰为阁道，自殿下直抵南山，表南山之巅以为阙，为复道，自阿房渡渭，属之咸阳。”“其规模之大，劳民伤财之巨”，可以想见。秦始皇死后，秦二世胡亥继续修建阿房宫。

唐代诗人杜牧的《阿房宫赋》写道：“覆压三百余里，隔离天日。骊山北构而西折，直走咸阳。二川溶溶，流入宫墙。五步一楼，十步一阁；廊腰缦回，檐牙高啄；各抱地势，钩心斗角。”可见阿房宫确为当时非常宏大的建筑群。楚霸王项羽军队入关以后，移恨于物，将阿房宫及所有附属建筑纵火焚烧，化为灰烬。阿房村南附近，有一座大土台基，周长约310米，高约20米，全用夯土筑起，当地人称为“始皇上天台”，阿房村西南附近，夯土迤逦不断，形成一长方形台地，面积约26万平方米，当地称为“郿坞岭”。这两处地方是阿房宫遗址内最显著的建筑遗迹。

未央宫在长安城的西南部，是皇帝朝会的地方。始建于汉高祖七年（公元前200年），自高祖九年（公元前198年）迁朝廷于此，以后一直是

←陵墓建筑艺术

西汉王朝政治统治中心。所以它的名气远远超过了其他宫殿。在后世人的诗词中“未央宫”已经成为汉宫的代名词。未央宫内的主要建筑物有前殿、宣室殿、温室殿、清凉殿、麒麟殿、金华殿、承明殿、高门殿、白虎殿、玉堂殿、宣德殿、椒房殿、昭阳殿、柏梁台、天禄阁、石渠阁等。其中前殿居全宫的正中，基坛南北长约350米，东西宽约200米，北端最高处约15米，是利用龙首山的丘陵造成的。据历史书籍的记载，未央宫的四面各有一个司马门，东面和北面门外有阙，称“东阙”和“北阙”。当时的诸侯来朝入东阙，士民上书则入北阙。未央宫位于今陕西西安西北约3000米处，建于长安城西南角，为长安城地势最高之处。由于其处西南，命名很可能是位于未（西南方）的中央宫殿之意。

陵墓建筑艺术

皇宫显示现世帝王的威严，陵墓则表现已逝帝王的威严。只是陵墓与另一个世界相连，以青土暗示永恒的宁静。因此陵墓或者依山为陵，如唐代陵墓；或者垒土为陵，植树以像山，如秦始皇陵。陵墓的地面建筑仍有另一种高、大、深、庄的特征。唐代高宗与武后合葬的乾陵以梁山为陵，这是“高”。围绕地宫和主峰有似方形的陵界墙，而进入乾陵的第一道门却在离禹陵墙的朱雀门很远的山下，这是“大”。从第一道门到地宫墓门要经过四道门，路长约4000米，这是“深”。自梁山南倾的二峰之中始，是神道，神道两旁有华表、飞马、朱雀各一对，石马五对、石人十对、碑一对。正是

从神道始，陵墓建筑开始对观者内心进行庄严肃穆的心理强化。

寺庙建筑艺术

中国寺庙建筑最早见于记载的是东汉永平十一年（公元68年）建立的洛阳白马寺。从这时起，中国的佛教寺庙就不同于印度的寺庙，它以王府为模式，纳入中国礼制建筑的体制之中。后来的道观也是这样。因此，可以说佛寺与道观除了塑像、壁画、室内外装饰不同之外，在建筑形式上是基本一致的。与宫殿和陵墓一样，寺庙也有肃穆的要求，因此整体对称是其特色。肃穆心理要通过时间来强化，寺庙进山门后一般都有四殿，而高潮一般在第三殿。名山中的寺庙则依地势而随地赋形，一般有两殿甚至只有一殿，但进山后的漫长道路本身即为寺庙的延长，心理转移早就在进行。

园林建筑艺术

中国园林可追溯到西周初的苑囿合池，其发展和壮大是从春秋到秦汉。这时的园林，其功能和趣旨与宫殿一样，都是显示帝王的伟大。魏晋以后士人园林兴起，中国园林才获得了自己的独特品格，并影响了皇家园林。园林的核心是情趣，在结构上没有使人紧张的对称。其情趣主要是自然情趣，亭台楼阁均随地赋形，巧夺天工。廊榭台池，山石花木，一切布置都考

↑园林建筑艺术

虑到人与自然的情感交流，而且通过园林揭示和领悟自然之美。

中国建筑无论宫殿、陵墓、寺庙，还是园林，都不注重单个建筑的高大，而强调群体的宏伟；不追求纯空间的凝固的画面，而追求在时间中展开，在时间的流动中展现自己的旨趣。中国建筑形成群体结构时，小至四合院，大至皇宫、皇城，都有一道墙，形成一种封闭自足、不待外求、自成一统的意蕴。而群体之中都有核心部位，主次分明，照应周全，其理性秩序与逻辑或明（如宫殿）或暗（如园林），却都气韵生动、韵律和谐。虽然处一墙之中，中国建筑又总是追求超一墙之外。且不论园林，就是四合院、宫殿，群体结构的屋与屋之间，总有很多“空”，有条件就一定要加之以亭池草木，显出实中之虚，正如亭台楼阁总要以其“空”面向外界，“唯因此亭无一物，坐观万景得天全”。中国建筑的特点是使人不出户，不出园，就可以与自然交流，悟宇宙盈虚，体四时变化。从这个意义上说，它又是外向开放的。

古代雕塑艺术

雕塑在中国几乎一直是建筑的一部分。但雕塑又一直都在被创造出来，从河姆渡文化遗址出土的陶猪，到青铜器上的虎、鹤，春秋战国的土俑陶俑，秦兵马俑，汉霍去病墓的石兽，直到以后源源不断的宗教造像、民间雕塑。中国雕塑主要由四个集群组成：一、陵墓集群，包括陵墓表饰（华表、石人、石兽等）、墓室雕饰（墓门、墓道、宫床等墓内建筑雕饰及墓内肖像）、明器艺术（陪葬用的俑和动物造型、建筑模型和器物模型）。二、宗教集群，包括佛道寺庙和佛教石窟里的塑像、浮雕。三、建筑装饰，包括宫殿、苑囿、会馆、牌坊、民居、桥梁等建筑物上的装饰性雕塑。四、工艺雕塑，包括工艺性的泥塑、瓷塑、金属塑铸、木雕、干漆雕塑、竹雕、根雕、石雕、玉雕、牙雕、骨雕、角雕、果核雕等。这里第三类从功能和艺术类型的旨趣上可以并入第一类。第四类纯为闲情清赏。第一、二类由于与中国文化的两大重要事务（敬祖与宗教）有关而凝结着较厚重的文化内容。

陵墓雕塑

中国古人从来没有彻底地不信鬼神。孔子说："祭神如神在。"（《论语·八佾》）王侯将相都希望把自己现世的享乐与威风带到地下去，帝王们几乎都是从登基伊始就开始修建自己的陵墓。远古至殷商是活人殉葬，春秋战国以后多以俑代活人，葬下的雕塑是拟真的，如秦兵马俑，但拟真的程度和规模又依陵墓整体规模来决定，因此大多数雕塑是缩小版。由于这些雕塑的目的是模仿实物，其精品也就类似于民间泥塑和文人的案头小雕塑。陵墓雕塑的最高成就是在地上，特别是陵墓门前和神道上的雕塑。它们既

↑乾 陵

要显出墓主与冥界相连的威严和地位，还要对朝墓者产生心理影响。中国雕塑最优秀的作品都出现在这里，如霍去病墓的战马、六朝陵前的辟邪、乾陵的飞马、顺陵的石狮等。

宗教雕塑

宗教雕塑，特别是佛教雕塑，与陵墓雕塑相比具有更多的变化和更丰富的内容。在雕塑材料上，石窟为石雕，寺庙多为泥塑。在艺术风格上，各代的佛、菩萨、罗汉雕塑与当时的人体审美观念紧密相连。魏晋六朝，瘦骨清相；隋唐五代，圆满丰腴；有宋以降，匀称多媚。和陵墓雕塑一样，佛教雕塑也是以群体为主的，每一庙或窟之中必有一个中心。这一雕塑既处于观者视点的中心，又是最高大的，其余雕塑则服从它，呼应它，从而构成整体效果。龙门、云冈、敦煌石窟如此，著名寺庙也是如此。从六朝到宋明，寺庙中雕塑群体又有一个逐渐由印度的寺庙规则到近似于中国朝廷的帝王、文臣、武将的仪式安排的过程，总之雕塑群体越来越等级秩序化。

宗教雕塑产生了许多优秀作品。云冈石窟的大佛塑像那面部超脱一切苦难的微笑，敦煌彩塑中身体呈 S 形

↑罗汉雕塑

佛、菩萨等应穿什么衣服，手应是什么"印相"（姿势），或应持何种器物，立姿与坐法应如何等，都有一定程式。程式性往往压倒了雕塑的自身特质。因此，中国雕塑明显地具有两个绘画的特点：一是平面性，能够四周观赏本是雕塑的特点，而中国陵墓和宗教雕塑都是让观众从一定的方向和视点去看的，这样，雕塑注意的都是让人看的那一面，而看不见的一面就少费工力；二是彩绘。西方雕塑是被誉为"东方维纳斯"的菩萨，还有那肌肉一块块凸出，依东方的气功而显示出力量的金刚力士，都是世界一流的艺术珍品。

中国的雕塑从来没有脱离建筑而完全独立出来，更强化了整个中国艺术本有的特征：整体性。一个雕塑的大小是由雕塑群体和建筑整体决定的。同是门前石狮，门的大小决定狮的大小。同是佛像，寺殿内部空间的大小决定其大小。同理，佛的弟子伽叶、阿难及菩萨、罗汉形象总是比佛小。整体性决定了中国雕塑是程式化的，陵墓雕塑的狮、马、龙、凤应怎样造，

霍去病

霍去病（公元前140—前117年），汉族，河东郡平阳县（今山西临汾西南）人。中国西汉武帝时期的杰出军事家，是名将卫青的外甥，任大司马骠骑将军。好骑射，善于长途奔袭。霍去病多次率军与匈奴交战，在他的带领下，匈奴被汉军杀得节节败退，霍去病也留下了"封狼居胥"的佳话。公元前117年，24岁的骠骑将军霍去病因病去世。谥封"景桓侯"。汉武帝对霍去病的死非常悲伤。他调来铁甲军，列成阵沿长安一直排到茂陵东的霍去病墓。他还下令将霍去病的坟墓修成祁连山的模样，彰显他力克匈奴的奇功。

↑龙凤石雕

通过材质本身起伏凸凹来显示对象的特质，不施彩绘使得雕塑必须显出自己的特点。中国雕塑的程式化往往忽略细部，平面性减弱了雕塑的特质，而彩绘却可以帮助中国雕塑起到雕塑以外的功能。因此中国彩塑中的很多细部不是雕出和塑出来的，而是绘出来的。这些雕塑的减省本身又是符合中国艺术的总体原则的，因为中国艺术讲究的是气韵生动，神似胜于形似，即所谓“笔不周而意已周”。只有把握中国雕塑与中国文化精神相通的意境追求，才能对它有更进一步的理解。

古代音乐戏曲艺术

古代文献中有对尧舜古乐的记载，说明中国音乐起源甚早。河南省舞阳县发现的 18 支七音孔和八音孔的骨笛，距今已有 8000 多年。原始社会的音乐与礼仪是相连的。到春秋战国时期，中国音乐形成了和其他文化不同的独特体系。中国既创立了七音阶体系，也创立了五音阶体系。因五音阶体系与中国哲学的五行相合，故地位较高。

音　乐

中国古代音乐未能以自己为中心独立发展，而是依附于文化的各领域以游散的方式发挥了多种功能。按其功能中国音乐可分为：一是仪式音乐。用于祭祀、宗庙、大典，也包括宗教寺庙的仪式音乐。其特点是音域不宽，节奏缓慢，完全服从于仪式的过程，肃穆庄重。二是宫廷舞乐。主要用于帝王享乐。中国音乐的创作主要在这个领域，如曾侯乙墓的编钟，唐代的《霓裳羽衣曲》。这类音乐主要服务于舞蹈，当然也在舞蹈的推动下发展。三是声乐。就创作数量、流传空间、使用阶层来说，声乐占有更重要的地位。从《诗经》到宋代戏曲，从宫廷演唱、文人低吟、青楼妙音，到民歌俚曲，都是它的表现形式。声乐用歌词的内容来规范音乐表现的多样性，

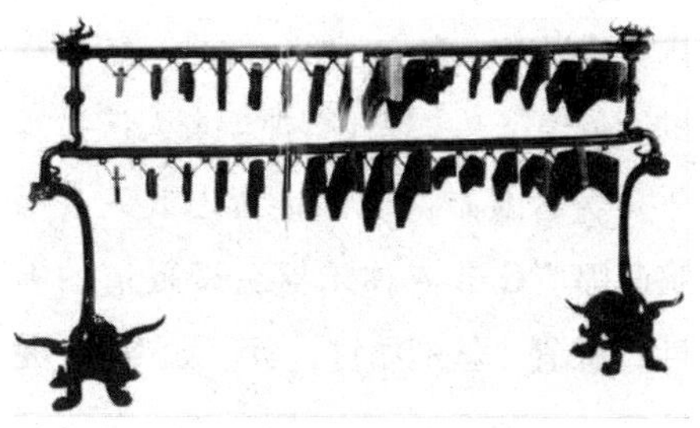

↑古代乐器

它在中国文化中的重要地位很符合中国文化的理性精神。四是独奏器乐。中国音乐摆脱舞蹈、仪式、文学的影响而具有独立的文化意义，只表现在文人意识的器乐中。琴、筝、笛、箫、二胡都可以独奏，琴的地位最重要。魏晋嵇康等一大批著名士大夫琴家以音会友，使琴一直与棋、书、画具有同等重要地位。独奏因与士大夫独立淡泊之心境相合而获得了特别的文化意义，嵇康诗“目送归鸿，手挥五弦，俯仰自得，游心太玄”即是其写照。五是民乐。指民俗庆典中的音乐，以吹奏打击乐为主，热闹喧哗。

拓展阅读

古 琴

古琴，亦称瑶琴、玉琴、七弦琴，为中国最古老的弹拨乐器之一，古琴是在孔子时期就已盛行的乐器，有文字可考的历史有四千余年，据《史记》载，琴的出现不晚于尧舜时期。二十世纪初，为区别西方乐器才在“琴”的前面加了个“古”字，被称作“古琴”。它是至今依然鸣响在书斋、舞台上的古老乐器。

先秦以后，中国音乐没有像西方音乐那样在文化中占据重要地位，但也形成了自己的特色。

中国古代音乐主要有以下特色：

一、旋律为主。西方音乐重合声和配气，给人一种几何学的浑厚之美。中国音乐以旋律为主，给人的是气韵生动的线条美。二、理性精神。古人认为音乐是表达内心情志的，情志属人，用嘴吟唱应比非人体乐器更接近情的本性，所谓“丝不如竹，竹不如肉”。肉能唱的只能是声乐，声乐之妙在于词对乐的规范，故音乐能“乐而不淫，哀而不伤”“发于情，止乎礼”。一个重要因素在于，当情用乐唱出时，已用文字来予以提示和规范了。三、节奏宣泄。以旋律为主的器乐声乐表现的是理性精神或哲学沉思的一极，节奏宣泄则表现的是中国文化的另一端，它主要在民间音乐中表现出来，如陕北腰鼓、山西锣鼓即属此类，在喧闹节奏中展现出了一种粗犷的阳刚之气。

中国音乐具有世界性的魅力。曾侯乙墓编钟是一奇观。它由能奏各种不同音高的65件乐器组成，分三层排列，总音域达五个八度之广，十二个半音齐全，可以演奏五声、六声或七声音阶的乐曲。唐代的大型套曲和舞乐至今仍享有盛誉。

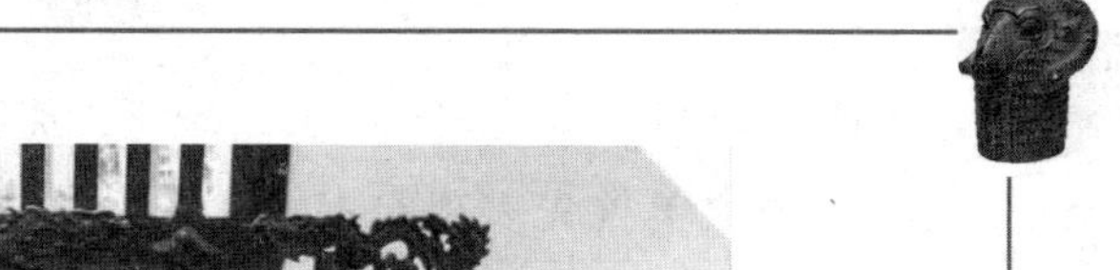

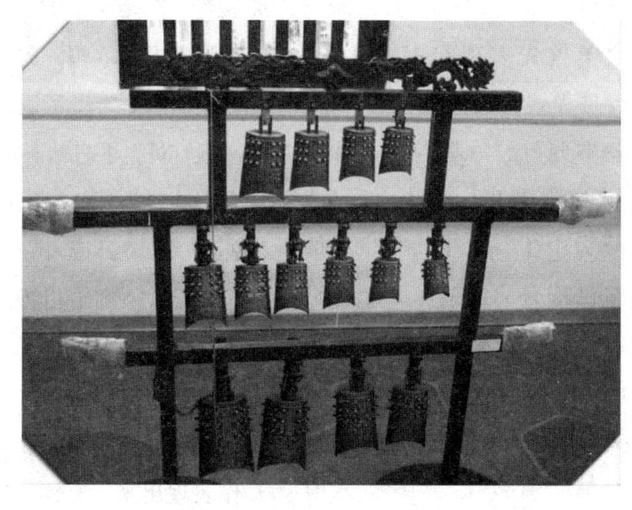

→编钟

中国的著名琴曲《高山流水》《潇湘水云》，琵琶曲《十面埋伏》等也极富民族特色。

戏　曲

戏曲以其本身的综合性质把各门艺术（音乐、舞蹈、文学、雕塑、绘画）结合在一起并使之精致化。音乐是构成戏曲的一大因素。器乐不但调控全剧节奏（场与场的转换，唱、做、念、打的变换），还为演唱伴奏，配合表演，渲染气氛。声乐在戏曲里不但要唱字，讲究“字正腔圆”，还要唱情、唱韵。戏曲的故事性使其吸收了小说的结构技巧和情节安排，但它刻画人物、推动情节又主要是靠念唱来进行的。念，取散文和白话之精华；唱，吸诗、词、曲之丰采。戏曲之得于绘画，一是脸谱服饰的年画般的装饰风俗，一是演员和背景的空白所形成的画意。这类境界都能在戏曲中得到体现。戏曲的雕塑因素，一在于表演中不断地亮相和定型，再者在于主要人物大段演唱时，次要人物总是一动不动地站在固定的位置。戏曲在诉诸观众视觉上，除了服饰的装饰性，主要就是靠“舞”了。在戏曲里有优美而程式化了的文舞，也有包含着杂技和特技的武打。戏曲里的武打完全艺术化为一种常有节奏和韵律的表演性的舞型。

戏曲是古代各类艺术的综合，这种综合的一个最主要的特点就是，整个中国艺术的原则在这里得到一种形式美的定型。这种形式美的定型用理论术语来表达，就是“程式化”和

“虚拟化”。

戏曲之美首先表现在程式化上。其角色分行是程式化的，生、旦、净、丑为四大基本分行。每基本行又可再分，生可再分为老生、小生、武生，小生又可分为中生、冠生、穷生。每一行都有角色特有的性格、道德品格及唱腔、念白的规定。如老生为中年以上刚毅正直人物，重唱功，用真声，念韵白，动作造型庄重。与角色分行相对应的一是脸谱划分，如昆、弋诸腔的净、丑角色明确分为大正（正净）、二面（二净）、三面（丑），其中又有各种正反面人物。如大面的红面、黑面、白面。不少剧种的脸谱式样多达百种以上。各剧又有不同的谱式句法，如京剧基本谱式有整脸、水白脸、三块窝脸、十字门脸、六分脸、元宝脸、碎花脸、歪脸等。二是穿戴类型，仅说纱帽，正直官员戴方翅纱帽，贪官污吏为圆翅纱帽；帽翅向上为皇帝或高官，帽翅平伸为一般官员，平时私下时为向下的帽翅。三是唱法分类，如老生用本嗓，响亮的“膛音”或“云遮月”；小生大小嗓并用，文小生须刚柔相济，武小生则刚健有力。

人物的心理活动除了通过唱念表现外，还通过身体和穿戴的一系列程式化动作表现出来，有翎子功、扇子功、手绢功、髯口功，等等。如要髯口就有擦（思忖）、挑（观看）、推（沉思）、托（感叹）、捋（安闲自得）、撕（气愤）、捻（思考）、甩（激恼）、抖（生气）、绕（喜悦）等。戏曲除了以唱、念、做、打等形式表现人物故事外，在推动情节上也形成了一系列动作程式。如起

←古代戏曲

霸，是表现古代战士出征上阵前整盔束甲的一种程式，男霸要刚健有力，女霸重英姿飒爽。走边，表现侦察、巡查、夜行、暗袭、赶程等。跑龙套，四个龙套代表千军万马，一个圆场象征百里行程，如此等等。戏曲的程式性在于要在一个小小戏台上表现大千世界。西方戏有布景，给了每场戏一个焦点，使得美学设计向现实化发展，中国戏曲无布景的空白，给表演以一种流转行动的自由，其美学意趣是向程式化发展。程式化一方面是类型化；另一方面又是虚拟化。通过演员在台上的一些程式化动作，就可以实现戏台时空的转换。由屋内到屋外，由一地到另一地，可以使观众想象出戏台上没有的东西。用挥鞭程式表现骑马，用划桨程式表现行船，仿佛真有重物的搬东西，仿佛真有花而去嗅的动作。戏台表现愈需虚拟化，表演动作就愈显程式化。正是在虚拟与程式的相互推进中，中国戏曲创造出了别具文化意味的形式美。

古代宗教信仰

宗教信仰是一种精神风俗，与人类的生产、生活、婚姻等各个方面有着千丝万缕的联系。我国古代的宗教信仰，历史悠久，源远流长。原始社会，由于人类对世界本身知之很少。人类与虫、蛇、鸟、兽为伍，将这种超自然的神秘力量实物化，于是就有了各个民族以各种动物或树木为对象的不同的图腾崇拜，并形成了一系列习俗礼仪。这个时候巫术也应运而生，巫术表现为人与神秘的无限力量之间的沟通，中国原始社会在有重大事件时，会有利用占卜等方式向“天”请示，希望得到上天的启示，这实质就是一种崇拜与信仰。信仰往往是最深层的价值观。

早期的原始宗教

我国在人类社会早期产生了宗教信仰，有自然崇拜、图腾崇拜和祖先崇拜等。在原始社会中，由于生产力

←图腾崇拜

低下，人们对于各种自然现象的存在和瞬息变化缺乏认识，感到十分困惑，它们认为日、月、雷、电、风、雨、霜、水、火及某一种动物或植物都具有灵性，因此把它们当作神灵崇拜，祈求消灾得福，称为“自然崇拜”。这是原始社会的居民普遍具有的宗教意识。就像美洲印第安人对太阳和月亮的崇拜，埃及人的狮身人面像雕刻，东南亚各族对稻米或树神等的信仰，都是远古自然崇拜的遗存。

图腾崇拜也是在原始社会中萌芽流行的一种宗教信仰。那时，人们相信每个氏族都与某种动物、植物有着神秘的亲属关系或其他特殊关系，此物就成为这个氏族的图腾，变成了这个氏族的精神保护者和象征。多数氏族以动物（如熊、狼、鹰、鹿等）为图腾，并往往以它的名字命名。我国新石器时代的先人们，就出现了对龙图腾的崇拜。他们把许多动物的特点都集中在一起，渐渐构成了龙的样子：驼头、鹿角、牛耳、龟眼、虾须、蛇身、鱼鳞、蜃腹、鹰爪。这种复合结构，意味着龙是万兽之首，百鳞之王。商周时期至战国发展出许多种龙，到秦汉时龙的样子逐渐固定下来，之后的历朝历代，直到今天，其模样都在这个基础上不断地加减、变衍和发展。

古人的图腾崇拜

据考证，夏族的旗帜就是龙旗，一至沿用到清代。古突厥人、古回鹘人都是以狼为图腾的，史书上多次记载他们打着有狼图案的旗帜。东欧许多国家都以鹰为标志，这是继承了罗马帝国的传统。罗马的国徽是母狼，后改为独首鹰；公元330年，君士坦丁大帝迁都君士坦丁堡之后，又改为双首鹰，德国、美国、意大利为独首鹰，俄国（原始图腾为熊）、南斯拉夫为双首鹰，表示为东罗马帝国的继承人。波斯的国徽为猫，比利时、西班牙、瑞士以狮为徽志。这些动物标志不是人们凭空想象出来的，它源于原始的图腾信仰。

祖先崇拜是一种以祖先的“灵魂”为崇拜对象的宗教信仰，同样也萌芽并流行于原始社会。人们认为死去的祖先的“灵魂”仍然存在于人间，为了使它不扰乱后代的生活，并祈求得到它的保护，就举行了各种形式的安

←九天神凤

灵祭，于是出现了祖先崇拜。随着父系氏族公社的建立和发展，祖先崇拜和血统观念相结合，逐渐成为一种维护家族力量的手段。祖先崇拜长期保留于奴隶社会和封建社会之中，以宗法制的形式出现。

原始宗教反映了远古人类对自然等问题的模糊认识和当时艰苦的生活情况，也说明了人类具有丰富的想象力。它是人类文化的最初精髓之一，也是后来宗教文化发展的基础。原始先民为着宗教和其他原因而产生了音乐、舞蹈、绘画等艺术形式。最早的文字——甲骨文记载了商朝的国家宗教，认为“上天”，是宇宙间一切事物的主宰，决定着万物的生存与人世的兴衰。商代宗教中的“上天”统率着天神、地支、人鬼、物灵四大类神祇，数量繁多，各司其职，形成了一个与地上王国相对应的彼岸世界。反映周代祭祀制度的《周礼》《仪礼》《礼记》三书，将祭祀天地、日月、山川、岳镇、海渎、城隍、祖先等的仪式规范得更为清晰。两汉以后，佛教传入中国，中国土生土长的道教也产生了，二者都保持了多神信仰的特色。

佛教的传入

佛教是中国化了的外来宗教。它约于公元前六世纪至前五世纪产生于印度，公元前后的汉代传入中国，以后形成了许多派别，至南北朝与隋唐发展到顶峰。这五六百年的发展时期，佛教逐渐完成了中国化、汉化的过程。唐代松赞干布统治西藏时，佛教传入

西藏，但由于本教的反对，没有得到发展。到十世纪时，经过斗争，二者逐渐融合，形成了具有西藏地方特点的藏传佛教——喇嘛教。这样，我国除了汉传佛教，又产生了藏传佛教。佛教在中国传播、发展的过程中，与我国的传统文化与社会生活紧密结合，尤其是和儒家学说紧密结合起来，从而成为封建社会中上层建筑的一个重要组成部分。隋唐时期，佛教发展达到了顶峰。隋唐之后的佛教，虽不如前，但仍在持续发展之中。各地仍有数量众多的寺庙和僧侣。

↑佛教的传入

印度的原始佛教原是不信神的。它以“诸法皆空”为教义，力倡无神、无我、无常和因果相续的思想。传入中国后，当时的帝王将佛陀看作“神仙”来祀奉，而且它的神灵的世界也在不断扩大。且不说两大金刚、三大士、四大天王、五方佛、八大菩萨、十八伽蓝、十八罗汉、五百罗汉、二十四诸天。即便是释迦牟尼佛，也还有三身佛、三世佛。观世音菩萨从印度男身观音传到中国后，变化为女身观音。她的形象有多种：圣观音像、自在观音像、十一面观音、千手千眼观音、四十八

←佛像

↑道　观

臂观音等。汉民族还存在着民间信仰的多神崇拜。虽然它还构不成严格意义的宗教，却是汉民族宗教信仰的一种特殊的表现形式。所以我国民间宗教诸神，多得无法统计。

道教的兴起

道教是我国土生土长的宗教，源于古代的道家思想与神仙方术。同儒家思想、佛教一样，也是封建统治的精神支柱之一。它自东汉创立后，衍变出许多派系。至北魏时，嵩山道士寇谦之迎合太武帝的政治需要，对道教进行改革，成立了“新天师道”，获得太武帝的扶持。从而使道教的传播遍及全国。至唐代时，道教得到统治者的更大重视，被奉为“国教”。影响所及，男女道士及世俗信徒都很多。尤其是上层社会中人信奉道教者更多，其中东丹王耶律倍就好道教的炼丹术——“烧金炼汞之术”。

道教的神灵谱系是逐步形成的，但比较庞杂，各个派系也不尽相同。其中，最早也最有系统的，是南朝著

名道教理论家陶弘景所撰的茅山派神谱《真灵位业图》。在这个神谱中，神灵排成七个层次，各个层次分别依次排列着许多神灵，共有500多位。道教神谱是一个不断扩展、变动的体系。唐宋以来，道教一直在塑造、更替、扩收神灵。例如，分离出一个至高无上的天神“玉皇大帝”。在唐代以前，“元始天尊”统率一切，“玉帝”的称号原归“元始天尊”的。但是中唐以后，将“玉帝”名号单独称呼，“元始天尊”失去权威像是另一个神。后来的道士还为“玉皇”编了不少经书。又如，道教还扩收了一大批民间所尊奉的神祇与传说故事中仙人以及历史人物进入神谱，甚至连诸葛亮和文天祥也成了天枢上相和天枢左相进了文昌殿。特别提到的是在民间家喻户晓的汉钟离、吕洞宾等“八仙”，有的是道士，有的是历史人物，有的是虚构的神仙，都成了道教中赫赫有名的神灵。甚至神话小说《封神演义》的艺术形象也成为道教的神灵。总之，道教的神系队伍不断发展，形成一个多层次、多方面、多类型的庞大的神仙体系。